영혼의 출구

영혼의 출구

오인수 · 신업공동체

빛

윤문에 도움 주신 분 : 권태현 김동구 남두열 엄재록 이순임 이태영
장유동 류금

영혼의 출구

1판 3쇄 발행 _ 2024년 4월 5일

옮긴이 _ 오인수·신업공동체

펴낸 곳 _ 빛

발행인 _ 흰빛 백지현

기획 및 본문 편집 _ 주우宙宇

표지디자인 _ 일치 김동구·화인 엄재록

주문 및 문의 전화 _ 0505-875-8080

주소 _ 충남 천안시 동남구 탑골길9 성공시대 401호

웹사이트 _ syn.kr

가격 _ 10,000원

ISBN _ 978-89-960766-6-7

이 책의 내용을 직·간접적으로 출처를 밝혀서 인용해도 됩니다.
(상업적인 목적은 제외)

차 례

출구　THE WAY OUT	7
초월　THE WAY BEYOND	43
부富　WEALTH	83
교사　THE TEACHER	113
형제자매단　BROTHERHOOD	149

번역 용어

자아: Self 신적인 자아로 돋움체로 했음.
고차적 자아: Higher Self.
우리: We 보편적인 내용임을 나타내는 표현.
나라: Kingdom 돋움체로 했음, 일부 신의 나라로 번역.
그녀: He Him 신. 그대와 혼선을 피하고자 여성형을 사용.
부모: Father 양성중심의 표현으로 번역.
재신財神: Mammon 죄악의 근원으로서 재물과 부의 신.
멘탈계: mental realm.
정신: mental이 단독으로 쓰일 때는 정신으로 번역.
마스터: Master 부정적일 때는 '두목'
핵核: Center 의식의 센터, 핵심, 원신(분신의 반대), 코어
선善: Good

출 구
THE WAY OUT

출구

우리는 많은 이가 종종 금전적으로 쪼들린다는 것을 알고 있다. 예수 그리스도를 따르는 모든 이가 배워야 할 법칙이 있으니, 지키기만 한다면 부족·한계·부조화·질병·불행 등 모든 조건에서 탈출하는 것이 가능하다.

그대는 이것이 정말로 가능한지, 지키기만 한다면 그 모든 것을 성취할 수 있는 법칙이 과연 있는지 묻는다.

우리(We-보편적인 내용임을 나타내는 표현)는 강조해서 말한다. 그런 법칙은 있으며, 그대가 돈에 대한 두려움과 지배에서 자유로워지고, 모든 선한 것에 풍요로워지고, 건강하고 행복해지며, 삶의 모든 부분을 완벽히 조화롭게 조정해줄 수 있는 법칙이 있다.
그대가 이 법칙을 지키려고 자신을 단련할 정도로 이런 것을 바라기만 한다면.

만약 인간적인 노력으로 가능하다면 그대는 이런 놀라운 축복을 얻기 위해서는 무엇이든 다 할 것이라고 말한다.
이런 축복은 가능할 뿐만 아니라 이런 소망을 가득 품은 사람이면 누구든 할 수 있다. 그러나 그대의 **고차적 자아**Higher Self가 그대를 그런 불행한 조건에 둔 이유가 있으니, 그 중대한 진실을 알아야 한다.

그것은 오직 그대가 그 조건들에서 영원히 자신을 해방하고 삶에서 제대로 자리 잡기 위해, 그 조건을 제어할 수 있는 지식·힘·능력을 탐구하고 길러서, 이기적인 목적이 아니라 타인들의 이익을 위해 주장하고 활용할 정도로 충분히 그대가 현명해지고 강해질 때면 언제나 그대를 위해 준비된 선의 유산을 받을 수 있게 하기 위함이다.

우선 이것은 순전히 의식의 문제며, 오로지 그대 자신만이 이런 조건에 책임이 있음을 깨달아야 한다.
이런 조건을 창조한 것은 그대 자신일 뿐이며 이것을 의식에 단단히 붙들고 있는 것도 그대이기 때문이다.
그렇지 않다면 이것은 그토록 쉽게 구현되지 않을 것이기에, 이 모든 것을 우리는 다음의 중대한 말씀으로 배운다.
"가슴 속에 있는 생각이 인간성이다."(잠언 23장 7절)

우리는 그대가 어쩌면 여러 번 이 격언을 들었고, 너무나 빈번해서 그것이 한물간 이야기가 되었을 수 있음을 안다.
어떤 사람들은 그것을 증명하려고, 자기의 의식에서 모든 부정적인 생각을 제거하려고 노력한 적도 있을 것이다.
하지만 그러려면 단호하고 끈질긴 노력이 있어야 하는데 그대는 곧 부닥치는 강한 저항 때문에 금방 지쳐서, 이전 조건의 흐름으로 뒷걸음치고, 전보다 오히려 더욱 무기력해졌을 것이다.

또 어떤 이는 그 격언을 듣긴 했으나 깊은 인상을 받지는 못했다. 왜냐하면, 자기 삶의 그 모든 부조화가 결국 자기 믿음, 즉 믿음으로 결정화된 생각이 축적된 결과라는 주장을 받아들일 수 없었기 때문이리라. 일부 사람들은 그 모든 것이 타인들 때문이라 했고, 심지어는 신을 탓하기도 했다.

거의 모든 이에게 주된 고민은 잠재의식의 영역에 그들이 얼마나 많은 부정적이고 파괴적인 믿음을 짊어지고 있는지 그리고 방심할 때마다 그것들이 어떻게 마음으로 슬쩍 기어들어오는지 깨닫지 못한다는 점이다.

그대가 마음을 살펴보고 이런 부정적인 믿음이(그대는 이것이 사실상 믿음임을 알게 될 것이다) 다가올 때 감시하고 주목해서 더는 그것에게 힘을 실어주지 않게 되기까지는, 그대에게 희망은 그리 많지 않다.

사실 그대가 터득해야 할 첫 번째가 바로 이것이다. 정신적으로 너무 게을러 자신의 생각에 대한 그런 관찰과 조절을 하지 못하는 사람들은, 대개 자신의 생각과 믿음이 자신의 삶에 지금 구현되고 있는 제반 조건들을 창조한다는 점을 인정하지 않는다.

하지만 그대가 그것을 사실로서 받아들이든 아니든 아무런 차이가 없으니, 그것이 법칙이기 때문이다.

법칙

이제 그대가 그 법칙을 들을 준비가 되었다면, 우리는 누구나 이해할 수 있는 말로 설명하겠다.

다음에 진술된 말에 주목하고, 이 말이 이 순간부터 삶에 영향력을 끼치는 안내자로서 그대의 마음속에 생생하게 각인되게 하라.

"너희가 의식에서 그렇다고 생각해서 간직하는 것은 무엇이든 자신의 사건으로 몸소 겪게 된다."

그대가 이런 것을 이제껏 받아들였든 아니든 그대가 하는 모든 생각은, 특히 어떤 식으로든 자아에 대한 생각들은, 아이가 부모에게 바짝 붙어 있듯이 그대의 멘탈mental계에 맴돌고 있다는 진실을 얼마간 숙고해보라.

그대 자신에 관한 이런 생각들은, 그대가 그것에 투입하는 느낌에서 그것을 유지하는 생명을 받는다.

달리 말하자면, 생각 자체는 정신의 한 형태에 불과하지만, 그대가 어떤 식의 느낌으로든 생각하면 그 형태에 **생명**이 부여되어 살아 있는 염체가 되고, 그 염체는 자신의 모체인 그대에게 되돌아올 때마다 더욱 생기 있는 힘으로 충전된다.

왜냐하면, 발현된 느낌은 생명이 되고 활기찬 힘이 되기 때문이다.

사실, 집요하게 그대의 마음에 영향을 주고 또 그대를 괴롭히는 모든 생각은 단지 그대의 정신이 낳은 자식(먹을 양식과 관심을 달라고 졸라대고, 더 많은 걱정과 불안과 두려움을 생성해내는)일 뿐임을 알라.

그리고 걱정·불안·두려움은 풍부한 영양소를 머금은 탁월한 음식을 먹고 빠르게 자라 마침내 아주 강력해져서, 머지않아 마음을 지배하고 그대를 다른 어떤 것도 생각할 수 없는 지경에 이르게 하고 만다.

그런데 사실, 이런 생각들은 그대가 마음으로 받아들일 때에만 그대에게 존재한다. 즉, 그대가 그 생각에 관심 두고 인정해줄 때에 한해서만 그대에게 중요하다.

반면에 그 법칙을 깨달아 그 생각에 주의와 관심을 기울이지 않아서 생명력을 북돋아 주기를 멈춘다면, 그대의 삶과 그대를 지배하는 그 힘은 곧바로 무력화될 수 있다.

그리고 이런 생각을 말로 표현하면 분명하고도 신속하게 구현된다는 점을 굳이 언급할 필요도 없을 것이다. 왜냐하면 말로 표현하면 생각보다 훨씬 더 강력해지기 때문이다.

무엇보다도 말을 주의 깊게 감시해서, 그대가 구현되기를 원하지 않는 그 어떤 것도 목소리로 발설하지 마라.

하지만 이와 같은 생각이 마음으로 들어오는 것을 사전에 막을 수 있다면 그것을 말하고 싶은 충동마저 생기지 않으리란 점도 항상 명심하라.

이제 그대는 마음이 오로지 의식의 문제, 즉 그대가 구현해내고 싶은 것에 걸맞은 생각만을 마음에 품고, 그대가 사건으로 구현되어 몸소 겪기를 원하지 않는 어떤 생각도 마음으로 들이지 않는 문제임을 알 수 있다.

그리고 대개 생각이라 일컫는 것이 주로 타인의 마음에서 나온 것인데 물론 그대가 자신에게 끌어들여 마음속으로 받아들인 것뿐이라는 것을 어쩌면 알 수도 있을 것이다.
이것은 또한 부정적이고 조화롭지 못하고 파괴적인 모든 생각에도 해당하는데, 그런 생각을 끌어들이는 뭔가가 그대 안에 틀림없이 있고, 그렇지 않다면 그런 생각이 들어오지도 않을 것이기 때문이다.

그럼에도 부정적인 생각이 들어오도록 허용할 사람은 여전히 많을 것이다. 자신이 겪는 그 영향력에서 벗어나기 위해 발버둥치고 고생하고 고통을 겪고 나서야 비로소, 자신을 자유롭게 하고 건설적인 목표를 향해 의식적으로 삶을 제어하고 지도하는 법을 체득하게 될 것이기 때문이다.

힘겨운 길이긴 하지만, 우리는 이제 그대에게 경제적인 여건에 관한 걱정과 두려움에서 그리고 모든 다른 파괴적인 힘에서 영원히 그대를 자유롭게 해줄 참된 길을 보여주겠다.

우리는 이 책을 읽는 모든 사람이 그리스도의 가르침을 따르는 문하생과 추종자라고 가정하고 있다. 산상수훈에서 그리스도의 의미심장한 말들을 되새겨보자.

"그러므로 '무엇을 먹을까?', '무엇을 마실까?', 혹은 '무엇을 입을까?' 하면서 걱정하지 마라."
"하늘에 계신 너희 부모(Father-이하 부모로 번역)께서는 너희에게 이 모든 것이 필요한 줄을 아신다."
"먼저 부모의 나라(의식)와 부모의 의義(바른 생각)를 구하여라. 그러면 이 모든 것들이 너희에게 덤으로 주어질 것이다."

우리는 이 말이 그대에게 중요해 보인다는 것을 알지만, 이것을 실제적인 약속으로 받아들여, 분명하고도 결단력 있게 증명해내려고 노력하는 이는 극소수에 불과함도 또한 안다.

그러나 만일 그대가 이 법칙을 지키고자 한다면 이렇게 노력하는 것이 바로 그대가 해야 하는 일이다.
그리고 우리가 두려움과 걱정에서 자신을 자유롭게 하는 방법을 그대에게 보여주면, 그대는 돈이 발휘하는 힘에서 자유로워질 수 있을 뿐만 아니라, 신의 나라로 곧장 가는 좁은 길을 찾아낼 수도 있을 것이다.

그대가 자유로워지겠다고 강력하게 결단한다면 신의 나라의 권능이 그대를 도울 것이다.

왜냐하면 신의 나라와 신의 의로움은 단지 우리가 바르게 생각하는, 즉 우리가 신의 사고방식만을 생각하는 의식 상태일 뿐이기 때문이다.

이것을 할 수 있는가? 그대가 하려고만 한다면 물론 그럴 수 있다. 그리고 이것이 길이다.

길

마음의 문에서 끊임없이 감시하면서 구현되길 원하지 않는 어떤 생각이나 느낌도 들이지 않도록 그대 자신을 훈련해야 한다.

주의 깊게 숙고하면 이것이 유일한 길임을 알게 될 것이다.
이것은 처음엔 어려워 보일 테고 그대는 무엇을 받아들이고 무엇을 거부해야 할지 모를 것이다.
하지만 어떤 성질이든 부정적인 생각과 느낌, 즉 그대의 생각으로 신이라면 그대로 하여금 생각하게 하지 않을 모든 생각, 어떤 종류의 의심·두려움·걱정·불안·염려, 누구든 어떤 것이든 어떤 조건이든 비판하거나 심판하거나 비난하는 모든 경향, 그리고 자기연민·질투·짜증·불친절·분노·반감 등등을 죄다 못 들어오게 그 문을 걸어 잠가라.
이것들은 부정적이고 신답지 않은 관념들이 뭔지, 그리고 이제는 그대 의식에 끼어들어서는 안 되는 관념이 뭔지 알려줄 것이다.

그대는 자신이 그런 모든 참되지 않은 생각들을 마음에 들이지 않을 오직 그때만이 그대의 고차적 자아가 그대에게 구현되기를 기다리고 있는 선한 것들을 그대에게 끌어들일 참되고 긍정적인 생각들을 마음으로 끌어당길 수 있음을 볼 수 있다.
그대의 마음이 두려움·걱정·낙심·병약함·가난에 찌든 생각들로 뒤죽박죽인데, 이런 감출 수 없는 진동을 느끼는 어느 누가 그대에게로 이끌릴 수 있겠으며, 어떻게 신이 이로운 생각들로 그대에게 영감을 주기를 기대할 수 있겠는가?

사실, 비슷한 것끼리 서로 끌어들이기 때문에 이런 부정적인 생각들은 실제로 그대가 삶에 구현하고자 열망하는 것들을 가까이 오지 못하게 한다.

생각해보라!

빈곤에 찌든 생각은 번영이나 일자리를 끌어오지 못한다.

병든 사고방식은 건강한 의식을 형성할 수 없다.

그대가 실패자라는 믿음은 실패를 불러온다.

그대는 '이 모든 것이 좋은 지적이다'고 말한다.

하지만 사람이 상황 속에 너무 매몰되어 좋은 시절이 올 때까지 그런 조건을 극복하고, 직업을 구하거나 헤쳐나갈 뭔가를 하려고 아무리 노력한들, 어디로 돌아서든 보이는 것이 오로지 자신이 직면한 병·굶주림·빈곤·실패뿐이라면, 어떻게 그가 달리 생각할 방도가 있겠는가?

그렇다, 소중한 친구여! 우리는 그대가 무엇에 봉착했는지 알지만, 썩 내키지 않는 양단간 선택에 단단히 붙잡혀 있음도 또한 알고 있다.

그대는 인간세상에서 도움을 구했으나 거절당하고 말았다.

그대는 자아의 모든 힘을 다 소모했고, 이제 그대 자신도 어찌해볼 수 없다고 인정한다.

어쩌면 신에게 기도하기도 했지만, 겉보기에 신이 그 기도를 듣지 못했거나 아니면 기도에 응답하지 않았다.

하지만 그대가 기도를 올렸던 신이라는 이 작자는 누구며 어디에 있는가? 그녀가 하늘 위 어딘가에, 그대가 어딘지 알 수 없는 모호한 어떤 장소에 있기라도 하는가?

그대 내면에 있는 신에게 기도해 본 적이 있는가?

거기로 눈을 돌려 그대의 고차적 자아가 거주하는 나라에, 그리고 그대 자아의 내면 깊숙이 있는 존재에게 가슴을 열었던 적이 있는가?

소중한 친구여, 만일 그랬던 적이 없다면 그대가 이 글의 의미를 정말 제대로 이해할 때까지 주의 깊게 읽고 난 후 그곳에 있는 그녀에게 기도하라.

무릎을 꿇고, 깊고 진정한 겸손으로 그대의 고차적 자아인 그녀가 그대의 말을 들어줄 것이라 여기며, 이 모든 것이 그대에게 필요함을 그녀가 알아보고 그대에게 응답할 것임을 알고서 그대의 가슴을 그녀에게 쏟아내라.

산상수훈의 그 말들로 돌아가서 그대가 그 굉장한 의미를 모두 파악할 때까지 몇 번이고 되풀이해서 읽어라.

그리고 그 말들은 바로 그대를 위해 의도되어 있고, 마스터가 그대에게 한 분명한 약속이며, 만일 그대가 들은 대로 행하기만 한다면 부모께서 필요한 모든 것을 그대에게 주리라는 점을 깨달을 때까지 몇 번이고 되풀이해서 읽어라.

생각해보라! 이것은 예수가 그대에게 한 약속이니 만일 그대가 자신의 몫을 다한다면 그 약속은 실현되지 않겠는가?

그대는 할 수 있다

그대는 자신의 몫을 할 수 있다.
 모든 선한 것을 풍족하게 지닐 수 있고, 돈의 지배에서 영원히 벗어날 수 있다고 우리가 약속하고, 예수가 약속한 그 축복을 그대가 얻고자 한다면 자신의 몫을 해내야만 한다.

 그대가 해야 할 것은 무엇인가?
 그대를 사랑하는 부모가 이 모든 것이 그대에게 있어야 할 줄을 알고 있으니, 무엇을 먹고 마시며 무엇을 입을까 더는 불안해하거나 걱정하지 말아야 한다.
 만일 우리가 그대에게 일러준 방법대로 그대가 우선 부모의 나라, 즉 부모의 생각만을 해야 하는 부모의 의식을 구하고, 부모의 생각이 그대의 마음에 다가올 때 부모가 하라고 일러준 대로 행한다면, 처음부터 부모가 그대를 위해 비축해둔 모든 선한 것을 그대에게 줄 것이다.

 지금 거의 불가능해 보이는 것을 그대에게 하라고 말하고 있다는 것을 우리는 안다.
 그러나 소중한 친구여, 이것이 예수가 약속한 축복을 얻는 유일한 방법이다.
 그리고 그대는 '만일 그것이 인간적인 노력으로 가능한 일이라면

출구　21

그것들을 얻기 위해 무엇이든 다 하리라'고 말한다.

그것은 가능할 뿐만 아니라 그대의 고차적 자아가 그대를 위해 의도되어 정해진 숙명이기도 하다.
그렇지 않다면 그가 그 메시지를 그대에게 가져오지 않았을 테고, 이 최후통첩을 그토록 단호하게 그대 앞에 두지도 않았을 테니까.

그대는 자신의 방법을 시도해봤고, 세상의 방식도 시도해봤으며 그 방식들이 그대를 어디로 데려갔는지도 안다.
그리고 이제야 신의 방법을 시도할 기회가 주어졌다니!
사실 그 방법은 처음부터 그대에게 제시되어 있었다.
지금 그 방법이 그대를 위한 유일한 길임이 보이지 않는가?

이런 식으로 신은 자기를 사랑하는 자식들이 마침내 신과 재신(財神 Mammon 죄악의 근원으로서 재물과 부의 신-역주)을 둘 다 동시에 섬길 수 없음을 깨닫게 한다.
왜냐하면 그들이 돈을 많이 소유하고 있다면 공공연히 돈을 섬겨서 돈의 노예가 되고 싶은 것처럼, 재신을 두려워하고 돈의 힘에 굴복함으로써 자신들이 재신을 섬기고 있음을 스스로 보여주기 때문이다.
그들은 돈의 그럴듯한 힘을 두려워함으로써 자신이 삶에서 돈을 우선시해 신을 이차적인 것으로 만들고 있음을 알게 되어야 한다.

  그리고 그들이 진실로 그 어떤 다른 것보다 우선해서 신을 섬기고 싶어하고 바른 생각·말·행동으로 그것을 증명할 때까지는, 신의 도움이 자신에게 도달할 수 있는 지점에 아직 이르지 못했음을 그들은 알게 되어야 한다.

최후통첩

따라서 이것이 그대가 직면한 최후통첩이다.

그대는 지금 신이 그대에게 손을 내밀어 다음처럼 말하는 지점에 이르렀다.

"내 자녀여! 내가 그대를 돕고자 한다. 하지만 이것은 그대가 자신의 모든 생각과 그대 자신을 완전히 나에게 맡겨야 하고, 오로지 내 생각대로 생각하고, 내가 말할 것만을 말하며, 내가 그대에게 하라고 할 것만을 하는 법을 배워 익혀야 한다는 뜻이다.

이것은 겉모습이 어떠하던 신이라면 하지 않을 생각들이 받아달라고 아무리 빌더라도 그대는 그런 어떤 생각도 마음에 들이거나 믿지 말아야 한다는 뜻이다."

"그대에게도 기회가 있었지만, 그대가 얼마나 상황을 처절하리만치 엉망으로 만들었는지 그대는 안다.

이제 그대가 전적으로 완전히 나를 신뢰하고, 오직 나를 받들어 섬기고자 하며, 내 생각들로 채워지도록 그대 마음과 가슴을 깨끗이 하고 참되지 못한 모든 생각을 비운다면, 내가 다음 발상들을 그대에게 불어넣을 것이다.

그 발상은 그대를 그대의 현재 의식(현재의 조건)에서 빠르게 빼내어 평화·조화·풍요를 낳을 새로운 의식으로 그대를 끌어올려

줄 것이다.

또 그 발상은 나를 발현하기 위한 나에 대한 애정 어린 신뢰, 그대의 능력에 대한 자신감, 그리고 살아있다는 순수한 기쁨으로 언제든 그대에게 채워지게 될 것이다.

또한, 그 발상을 그대가 그대 의식의 자연스럽고 지속적인 상태로서 느끼게 될 것이다."

시도해볼 만한가? 그대는 진정으로 이것을 원하는가?

그러면 이것에 관련해 뭘 하겠는가?
만일 그대가 지대한 노력을 기울이고 모든 의지력을 투입해서, 자신을 신의 의지에 관한 **철저한** 대리인으로 만들어, 그대를 안내하고 영감을 줄 수 있게 오로지 신에게만 항상 의지한다면 그대가 필요한 모든 도움을 틀림없이 받게 될 것이다.

또 그대의 결단력을 시험할 수도 있는 어떠한 낙담에도 굴하지 않고 끈질기게 나아간다면 그대를 오랫동안 기다려왔던 선으로 곧장 걸어가게 됨을 발견하게 될 것이다.

겉모습

이것은 그대가 이제부터 겉모습에 아랑곳하지 말아야 한다는 뜻이다.

왜냐하면 지금 나타나는 모습은 단지 그대가 이전에 생각으로 시각화한 것이 외부로 구현된 것일 뿐이고, 두려움과 걱정이 사실로 결정화되어 그대에게 단단히 붙들린 것에 불과하기 때문이다.

이것이 말하는 주된 골자를 깨닫도록 하라.
정말로 중요한 것은 그대가 탓하는 자신을 둘러싼 조건들이 아니라 그렇다고 믿고 있는 신념이다.
그리고 우리가 그대에게 입증해왔듯이, **지금 보이는 것으로** 외부로 구현되고 있는 모습은 바로 그대의 믿음에서 비롯되었음을 알 때, 그대는 자신의 믿음을 구현하고 싶은 믿음으로 확실히 바꾸기 시작할 것이다.

이점을 숙고해보라.
믿음 바꾸기가 조건과 겉모습을 바꿀 수 있는 유일한 방법이므로 그대는 자신이 붙들고 있는 믿음들을, 그대의 일과 삶에서 구현해내고 싶은 믿음들로 대체함으로써 의식에서 제거해야 한다.
그대가 어느 방향으로 돌아봐도 그대에게 매우 분명해 보이는 것들을 믿지 않을 도리가 없는데 어찌 이렇게 할 수 있단 말인가?

탈출구

만일 우리가 하라고 일러준 대로 정확히 지킨다면, 누구든 할 수 있는 아주 간명하고 쉬운 방법을 이제 그대에게 보여주겠다.

다음 말의 진실성에 추호의 의심도 들지 않아서 절대적인 믿음이 생길 때까지 그대 자신에게 몇 번이고 되풀이해서 다음을 되뇌어라.

"신은 나를 사랑하고 보살피며 모든 선한 것들을 나에게 주고 있다."
"나는 신을 사랑하고 신의 사고방식대로 생각하고 신이 나에게 바라는 것만을 행한다."

이 말이 완전한 진실임을 깨닫고, 이것을 실감하며, 실제로 이것을 의식하면서 생활하여 그런 의식 속에서 일상의 일을 하는 그대 자신을 목격하도록 노력하라.
그대가 이렇게 한다면, 가능한 최대의 축복이 그대의 삶으로 다가올 것이다.

첫 번째 진술은 믿기 어렵지 않을 것이다.
왜냐하면 신이 그대를 사랑하고 보살핀다는 것을 그대는 확실히 알기 때문이다.

　즉 이 진술을 그대가 이미 알고 있든 아니든 그대 삶으로 들어온 모든 것이 그대에게 선했기 때문이다.

　이 이유는 선했던 것들을 통해 신은 기꺼이 신만을 의지하고 신뢰해야 할 상황으로 그대를 데려다 주어서, 신의 사랑과 보살핌이 처음부터 그대를 위해 계획했던 모든 선한 것을 그대에게 줄 수 있었기 때문이다.

　그다음 신을 사랑하기가 쉬워야 할 것이다.

　또 그대는 신의 사고방식대로 생각하려는 의식적인 사랑과 노력을 통해 신의 사랑이 그대의 마음을 열어서 신의 생각이 그대의 마음으로 들어오는 것을 볼 수 있고, 그대의 삶에 성공·번영·건강·조화·행복을 가져오려면 바로 무엇을 해야 하는지 자신을 의식적으로 지도할 수 있다.

　소중한 친구여! 우리는 위의 진술들이 그대와 더불어 살아가면서 앞으로 영원히 모든 생각·말·행동에 동기를 부여할 수 있도록 놀랍게 진술된 진리를 그대에게 아주 명확히 계시할 수 있기를 바란다.

　이 진술들은 대단히 강력한 진리여서 만약 그리 산다면 그것은 그대를 인간 이상으로 만들어줄 것이다.

　그러니 이 진술이 너무 간단하고 평범하다 해서 그냥 지나치지 마라.

  이 진술에 들어있는 중대한 취지가 모두 그대에게 분명해지고 이 진술들이 확실하고도 빠르게 그대의 의식으로 가져와서 이로 말미암아 그대의 삶과 모든 일상에서 가져올 변화를 느낄 때까지 이 진술들에 머물러라.

확실한 교훈

이제 실제 사례를 들어보겠다.

그대가 삶에 구현하고 싶어 하는 몇몇 명확한 선을 다루어보자.

우리가 의미하는 바는 물질이 아니라 그대와 소중한 이들에게 조화와 행복을 가져다줄 조건이다.

이것은 그대가 이 조건이 선하고, 신이 그대에게 갖기를 바라는 조건임을 확신해야 한다는 의미다.

선은 물질이 아니라 조건이라는 사실에 편안해해야 한다.

왜냐하면 신이 그대를 위해 모든 선한 것을 안배해놓았기 때문이다.

그래도 그대는 이런 조건을 알아야 하며 이것을 선한 것으로 알아볼 수 있어야 한다.

그다음 조건이 선한 그림 하나를 마음에 확립하라.

그것이 마무리된 기정사실로 명확하고 뚜렷하게 두드러지도록, 상세하고 완벽하게 그것을 확립하라.

그대의 마음속에 이 그림이 얼마나 완벽하고 뚜렷한가에 따라 그것은 사실상 멘탈계(그것의 물리적인 외관을 결정짓는 구체화된 정신적 형태들의 차원)에서 마무리되어 현실에 구현될 준비가 된다.

그리고 이제 그대가 삶에서 현재의 원치 않는 모든 조건을 구현해낸 것과 똑같은 과정을 단지 상반된 생각과 느낌만을 사용해서 따라 한다면, 그대는 지금 멘탈계에 존재하면서 그대의 의지가 활동하기를 기다리고 있는 이 그림을 우리가 제시한 대로 완벽하게 현실에 구현해낼 수 있게 된다.

최근에 직장을 잃은 한 친구의 예를 들겠다.
몇 주 전 그녀는 글쓴이(조셉 베너)에게 회사의 실적이 매우 지지부진해서 자신의 부서와 비슷한 부서를 담당한 여러 명이 해고당했고 자신이 다음 차례가 될 것 같다고 언급했다.
글쓴이는 그녀에게 충고해서 그런 식의 심적 태도는 그녀가 원하지 않는 상황을 가져올 것임을 설명하려고 애썼다.
2주 후 다른 친구도 그녀가 같은 내용을 자신에게 언급했음을 말했다.
그녀가 얼마나 많은 사람에게 그런 말을 내뱉었는지 모른다.
결국, 며칠 지나 그녀가 상상했던 것처럼 해고통지가 날아왔다.

이제 그녀의 직장을 잃게 하고, 그런 일을 창조한 그 정신과정을 분석해보자.

다른 부서장들과 직원들을 해고한 그 회사의 조건들이 자연스럽게 그녀의 마음에 그녀도 아마 조만간 그만두어야 할 그림을 확립하게 했고, 그런 두려움을 통해 그녀는 실제로 자신이 회사를 떠나는 것을 보았다.

사무실의 조건들, 동료, 유사한 곤경에 처한 다른 기업의 사람들, 일자리를 잃었던 사람들과의 대화는 날마다 두려움을 증폭시키고 강화했으며, 그녀가 그림의 세부항목을 확립하도록 도와서 마침내 그녀는 그 그림을 마무리해서 완성했다.

따라서 그녀는 자연스럽게 자신이 곧 그만두어야 한다고 느꼈다. 물론 그리하여 그런 일이 일어나야만 했다.

이제 이해되는가? 그녀가, 오직 그녀만이 이런 상황에 원인을 제공했다는 증거는,
① 그녀는 부서장 중 가장 유능했기에 마지막으로 해고되었고,
② 그녀는 사장과 그의 행동을 비판하기 시작했고,
③ 사장은 해고된 다른 여성들을 대신할 두 명의 젊은 남성을 고용해서라도 그녀를 잃고 싶지 않았고, 그녀에게 그녀의 직책을 돌려줄 수도 있었음을 나중에 알게 되었다는 점이다.

그러나 그녀는 멘탈계에 해고당하는 마무리된 사념체를 창조해냈고, 이것이 그녀에게 있던 두려움을 활성화했으며, 그 결과 그 사고형태는 구현되어야 했다.

그래서 그 사념체는 사장의 마음으로 밀고 들어가, 그렇지 않았다면 하지 않았을 일을 사장으로 하여금 하도록 압박했다.

이제는 그대가 앞에서 상상했던 선을 구현해내는 것에 이 사고과정을 유사하게 적용해보자.

그대는 자신이 과거에 상상했던 엉터리 선의 그림을 구축해왔음을 지금은 알아챈다.

하지만 우리는 구축해가는 그림이 부정적으로 구현되는 것이 아니라 방향을 전환해서 긍정적이고 행복하게 구현되는 것을 볼 것이다.

그러면 그대는 자신이 날마다 가능한 한 자주 시각화하는 만큼 선이 구현되어, 구현을 시각화할 수 있는 온갖 방식으로 삶에 영향을 미친다는 사실을 목격하며, 자신이 실제로 외적 구현을 즐기고 소중한 사람이나 친구들과 나누고 있음을 볼 것이다.

그대는 마음에 품어서 물리적인 것으로 만들어내고 있는 생생한 실제 현실이며, 자신의 창조물이고, 자기 영의 산물이 되어가고 있는 감각 속으로 깊은 기쁨·사랑·감사의 느낌을 의식적으로 쏟아붓고 있는 외적 구현을 늘 보고 있다.

그리고 글쓴이의 친구가 자신이 원치 않는 창조물을 현실로 만들어냈던 것처럼, 확실히 그대의 선도 역시 드러나 그대가 마음으로 그렸고 그것이 되기로 의도했던 대로 되어야 한다.

이것은 법칙이므로 이 과정을 건설적인 사고와 창조로 충실하게 따른다면 바라는 결과를 언제나 가져올 것이다.

마치 파괴적인 사고가 바라지 않는 결과를 가져온 것처럼.

위의 예와 설명들을 그 과정이 그대에게 명확한 진실로 확립될 때까지 연구하라.

그다음 그대가 어떻게 현재의 상태에 이르렀는지 철저히 알 때까지 자신의 개별적인 사례를 연구하라.

그런 다음 위에서 살핀 것처럼 그대의 사고 과정을 전환해서 건설적인 쪽으로만 발현해내라.

그대가 자유롭게 되려는 진실한 소망은 그대에게 필요한 도움을 끌어들일 것이고, 그대는 머지않아 자유로워질 것이다.

단순히 고통과 고난을 덜기 위해서뿐만 아니라 그 진실을 알아내서 원하지 않는 조건에 빠진 원인을 깨닫고, 남들이 자유로워지는 것을 도울 수 있도록 자신을 자유롭게 하는 능력을 얻기 위해서라도 그렇게 될 것이다.

그대의 마음은 엉터리로 보고 생각하는 습관을 형성했고 오랫동안 현재의 조건들을 형성해왔기에, 그대의 마음이 즉시 응답하지 않더라도 포기하지 마라.

그대가 결단한 것이 진심임을 마음이 인정할 때까지 밀고 나간다면, 마음이 과거의 방식을 따랐던 만큼 쉽게 곧 그대가 정하는 새로운 사고방식을 따르고 협조하게 될 것임을 알아두라.

중요한 점은 그대가 멘탈계에서 정신적인 실체를 다루고 작업하고 있지, 외부의 현상과 조건에는 아무런 관계가 없음을 언제나 잊지 않는 것이다.

왜냐하면, 그대는 이런 작업으로 **자신이** 구현하고자 소망하는 것에 관한 조건들을 구체화하고 바꾸고 있음을 알기 때문이다.

❋❋❋❋❋❋

우리는 이제까지 그대에게 법칙을 제시했고, 그 작용을 설명했다.

우리는 그대가 엉터리로 생각하고 믿음으로써 현재 그대를 둘러싼 조건들을 그대에게 가져왔음을 명확히 했고, 이런 조건들에서 어떻게 자유로워지고 그대가 삶에 구현하고자 하는 조건들을 어떻게 창조하는지를 제시했다.

이제는 그것이 그대 의식의 한 부분이 되도록 그 모든 것을 그대 마음에 각인시키는 것을 돕기 위해 말해줄 몇 가지만 남았다.

❋❋❋❋❋❋

긍정적이 되라

첫째, 항상 생각·말·행동에서 긍정적이 되는 것이 중요하니 절대 부정적이 되지 마라.

부정적인 사람은 삶의 모든 부정적인 것들, 즉 온갖 병과 부조화, 멘탈계의 걱정거리를(약하고 부정적인 마음을 풍기는 기운을) 끌어들이지만, 반면에 긍정적인 사람은 모든 선한 것을 끌어들인다.

만약 그대가 라디오의 작동 원리를 안다면, 다이얼을 특정 주파수에 맞출 때 그 주파수에서 방송 중인 내용이 들리리라는 것을 안다.

이것은 그대의 마음에도 똑같다. 그대의 마음은 그대의 생각에 동조된 주파수에서 방송 중인 것이 무엇이든 받게 될 것이다.

따라서 그대의 마음 라디오가 무엇을 발산해서 외부로 구현하느냐는 오직 '그대에게' 달렸다.

평범한 사람들의 무리 속에서 긍정적인 사람이 어떻게 항상 관심의 중심이 되고, 항상 자신의 존재가 느껴지게 하는지, 그리고 비교적 긍정적이지 못한 사람이 절대로 생각지도 못하는 일을 성취해내는지 알아차린 적이 있는가? 아주 강력한 예를 보자.

언젠가 글쓴이가 여행 중 전방에 늘어선 자동차들 때문에 멈추게 되었다. 몇 분을 기다린 후 내려서 보니 새로운 다리가 건설되고 있는 옆쪽에 한 대만 다닐 수 있는 좁은 임시통행로가 안내원도 없이 있었다. 앞쪽에 30여 대의 긴 차량과 강 건너편 길에도 길게 늘어선 차들이 보였지만, 외관상 반대 차선은 양쪽 다 완전히 뚫려 있었다.

그는 기다려야 할 어떤 의미도 발견할 수 없었기에 옆으로 차를 빼서 달리기 시작했고, 아무런 방해도 없이 통과했다. 임시도로를 통과해가던 그가 뒤돌아보니 자신을 뒤쫓고 있는 긴 행렬의 차들이 보였다. 이 차량 중의 한 사람이 그에게 말하길 그들은 그곳에서 20분 동안 기다리고 있었다고 했다.

분명히 서로 반대 방향에서 오는 두 대의 차량이 다른 차들을 동행한 채 온다면 뒤따르는 다른 차들 때문에 그들은 그 좁은 임시통행로를 통과할 수 없다고 불안해했던 것이다.

삶은 항상 이러하다. 긍정적인 영혼은 목적을 달성하고, 부정적인 영혼은 뒤처지거나 리더를 발견하면 따라붙는다.

부정적일 이유가 뭔가? 이는 오직 마음의 태도일 뿐이니 그대의 믿음을 바꾸기만 하면 마음은 바뀔 수 있다.

게다가 우리는 모두 신의 자녀이고, 세상에서 가장 위대한 왕의 자녀다.

신은 당연히 신의 나라가 자신의 신성한 유산임을 알고 그것을 받아들여 누릴 우리 모두에게 자기 나라의 모든 풍요와 선한 것을 준다.

왕의 자녀

　그대는 왕의 자녀, 즉 세상의 어느 나라를 통치하는 왕의 어떤 자녀와도 같음을, 아니 그 이상임을 깨닫도록 하라.
　우리 왕의 나라에는 세상의 어떤 나라도 들어 있기 때문이다.
　그리고 만일 우리가 신의 자녀로서 우리의 마음을 진아의 의식으로 끌어올릴 수 있다면, 우리는 왕인 우리 부모가 지닌 모든 것이 곧 우리의 것이고, 부모의 하인들이 우리의 모든 필요를 서둘러 공급하고 미리 조치할 것임을 **알아보며** 살아갈 것이다.
　이런 점은 실제 그렇기에 각자가 그것을 경험할 수 있다.
　그대에게 필요한 것은 그것을 믿고 그런 의식으로 일상을 살아가는 것이다.
　마치 더 낮은 의식 차원의 모든 세속의 왕자가 그렇게 믿고 살아가듯이.

　그다음 왕의 자녀로서 그대는 부모에게 있는 모든 것이 자신의 것이니, 부모가 준 풍요를 아무런 두려움 없이 자유로이 쓰는 법을 체득해야 한다.
　왜냐하면, 거기엔 어떤 제한도 어떤 부의 결핍도 없고, 항상 그것을 이용할 수 있으며, 그들의 부富는 고갈되지 않기 때문이다.

　그대는 이런 의식을 익혀야 하고, 여타 왕의 자녀가 돈을 쓰는 것에 대해 거리낌이 없듯이 그대도 그렇게 느껴야 한다.

이들에게 부족에 대한 어떤 두려움이나 공급에 대한 어떤 제한이라도 있다고 생각하는가?

아니다. 이들은 모든 필요, 모든 안락, 모든 기쁨, 모든 건설적인 발상으로 늘 풍요롭기 마련이다.

왜냐하면, 이들은 자기 뒤에 왕인 부모가 있고, 그들의 나라에는 모든 자원이 있음을 알기 때문이다.

그러니 그대도 그대 뒤에 신의 나라의 모든 자원과 함께 그대의 부모가 있음을 체득해야 한다.

두려움 없이 돈을 써라

마음에서 부족에 대한 오랜 두려움, 직장에 대한 두려움, 돈의 힘에 대한 두려움을 제거하는 가장 빠른 방법은 천국에 있는 부모의 애정 어린 보살핌을 절대적으로 믿고, 쓸만한 것에 마지막 한 냥마저 기꺼이 지출하는 것이다.

그렇게 함으로써 그들이 그대에게 **충분히 더 많이** 채워줄 것임을 **알고서**.

돈의 원천이 막히지 않게 하려면 샘이 계속 솟아나도록 물을 퍼내 써야 하듯 언제나 쓸만한 것에 지출해 돈이 흐르도록 해야 한다.

왜냐하면, 피가 완벽한 신체 건강을 나타내는 척도이듯, 진정한 의미에서 돈도 완벽한 물질생활을 나타내는 척도이기 때문이다.

두 경우 모두 그대는 마음으로 그대와 남들의 물질 삶과 그대의 신체 건강에 관해 참되고 순수한 생각(오로지 신의 생각)을 간직해야 할 뿐만 아니라, 신의 마음이 이 모든 참된 생각의 원천임을 알아야 한다.

그리고 신에 관한 완벽한 믿음과 신뢰로 그대의 일상과 신체 둘 다에 관한 그대의 의식에서 신의 생각들이 자유롭게 순환하도록 그대 자신을 열어두고, 둘 모두에서 완벽한 건강과 조화를 창조해야 한다.

이것은 소위 '십일조를 내는 수많은 사람'에 의해 증명되었다.
그들은 신을 완벽하게 신뢰하고 특히 신에 대한 깊은 고마움에 돈을 자유롭게 쓰고, 자신에게 진리를 가져다주는 신의 일을 하는 곳에 자기 수입의 일부를 아낌없이 떼어줌으로써, 그들은 자신이 세상의 모든 재화를 맘껏 누리게 되며, 많은 영혼으로 하여금 이와 같은 진리에 이르도록 도울 수 있는 위치에 놓이게 되는 의식을 창조해왔다.

사실상 그대가 더 많이 받을 수 있는 흐름을 막고 있는 것은, 더 많이 오지 않으리라 두려워해 남은 한 푼을 꽉 쥐고 매달리는 행위다.
왜냐하면, 주는 것은 그 무엇보다도 더, 영과 물질의 공급이 자유로이 흐를 수 있는 통로를 열어주기 때문이다.

이제 마지막으로 강조하고 싶은 것은, 이 중대한 법칙을 적용하고 증명한다면, 재정적인 자유와 성공뿐만 아니라 삶의 모든 분야에 완벽한 건강과 조화, 행복도 따라오리란 점이다.
왜냐하면, 그대가 자신에 관해 오로지 참된 사고방식만으로 생각하기 시작할 때, 당연히 신의 의식이 그대의 육신에 거하며, 신의 생각이 그대의 마음을 주관하고, 그대의 육신에는 오로지 완벽한 건강이, 모든 다양한 일상에는 완벽한 조화만이 현현할 수 있기 때문이다.

그때 자연스럽게 행복이 그대의 가슴에서 노래하고, 그대의 일상적인 동료가 될 것이다.

소중한 친구여! 그리하여 그대에게 이 메시지를 보낸다.
현재의 세상 환경인 어둠 속에서 길을 잃은 사람들에게 그들을 변함없는 신뢰와 진정한 행복과 사랑의 빛으로 되돌릴 확실한 안내를 제공하려는 강렬한 열망에서 태어난 메시지를.

만일 「출구」의 메시지가 그대에게 강렬한 인상을 남겼고 특히 그것이 출구가 전혀 없는 것처럼 보였던 절망적인 조건에서 그대를 자유롭게 하는 수단이었다면, 그대 역시 구원의 손길이 필요한 그대 친구들의 수중에도 이것이 주어지도록 자신이 할 수 있는 모든 것을 하기를 우리는 진지하게 촉구한다.

초 월

THE WAY BEYOND

초월에 이르는 길

지금까지 앞의 '출구'에서 부족·한계·부조화·질병·불행에서 벗어나는 길이 제시되었고, 주어진 그 제안을 충실히 따르는 사람이라면 이제는 그런 조건에 머물기 위한 핑계의 여지가 전혀 없다.

이 내용은 수많은 독자에게 전달되었고, 다수가 그 진리에 의해 새로운 의식으로 끌어올려 졌으며, 따라서 모든 것과 모든 사람이 바뀌는 새로운 세상으로 상승했다.
왜냐하면, 그들은 새로운 눈과 달라진 이해로 보기 때문이다.
이제는 겉으로 보이는 것이 과거에 보였던 대로가 아니라, 선과 실재가 이제 명백하고 모든 조건과 사람들을 통해 빛나고 있음을 볼 수 있다.
왜냐하면, 선과 참이 이제 찾아졌고, 이전의 부정적인 경향들은 금기시돼 의식으로 들어오는 것이 허용되지 않았기 때문이다.

물론 이것이 모두에게 흔한 경우는 아닌데, 왜냐하면 수많은 사람이 그토록 오랫동안 지배하도록 허락된 그런 경향들을 정복할 수 없었기 때문이다.
그들에게 실제로 자신의 내면에 이런 조건에서 벗어날 힘이 있고, 그들이 낙심에서 깨어나 이 책자에서 진술되었던 진리를 입증하기 위해 전력을 기울이기로 확실히 결단하는 바로 그 순간 도움이 기다리고 있다는 것을 몰랐던 탓에, 그들은 외관상 어디서나 나타나는 부정적인 조건들과 상황들의 압박이 너무나 버거워 완전히 낙심했던 것이다.

이 새로운 메시지가 쓰인 것은 이런 경우를 위해서다.
모든 독자가 그 진리에 참으로 영감을 받아 그들이 필요한 노력을 기울이고 따라서 애초에 그들을 기다려왔던 유익함을 받을 수 있게 하려는 진지한 소망으로 이 메시지가 쓰였다.

이 부분을 먼저 보는 사람은 우선 '**출구**' 부분을 주의 깊게 기도하는 마음으로 연구하기를 우리는 촉구한다. 그 부분을 읽는 것만으로도 또는 공부하는 것만으로도 도움이 된다.
물론 이것이 **증명될 때까지 충실히 시도**하는 것, 즉 그대의 모든 **생각 · 말 · 행동**으로 최소한 한 달 동안 매일 시도하는 것이 그대가 해야 할 일이긴 하지만.
만일 한 달 이상 이렇게 시도한다면 이것은 그대 삶의 전환점이 될 것이고, 다시는 절대로 낡은 사고와 행동 방식으로 돌아가지 않을 그런 변화가 그대의 의식과 일상에 구현되리라고 우리는 약속한다.

그런 노력을 기울일 가치가 있지 않을까?
우리가 보여준 것을 성취할 힘과 능력을 달라고 신에게 요청하라.

그 어떤 것도 그대가 최대의 노력을 기울이는 것을 막지 못하게 하라.

그대 내면의 신

이제 우리는 '**출구**'에 있는 진술, 즉 신이 그대의 내면에 있음을 그대에게 명확하게 해줄 것이다.

이것이 아주 명확해져 절대로 더는 신을 하늘 위에 있는 존재로 생각하지도, 신이 누구며 무엇인지 헷갈리지도 않게 될 것이다.

그대가 우선 깨달아야 할 점은, 그대에게 활기를 불어넣고 그대를 성장케 하는 그 생명은 자신의 것이 아니요, 그대는 생명을 제어할 수도 없고, 생명은 그대에게 영향을 끼치고 그대로 하여금 영향을 끼치게 하며, 그대의 승낙 없이도 그대가 겪는 모든 체험을 겪게 하고, 외관상 생명은 자기가 뭘 하는지를 정확히 알고 있으며 생명이 하고 있는 것에 매우 현명하고 애정 어린 목적이 틀림없이 있다는 것이다.

마찬가지로 그대가 자신의 것이라고 부르는 의식은 외관상 그대의 의지나 소망과는 아무 관계가 없는 발상과 생각, 인상들을 주입받고 있다.

이것들은 자기 마음대로 그대의 마음속으로 들어와서 그대의 감정과 행동에 지속적인 영향을 미치는데, 그대에게는 그것을 막을 힘이 거의 없다.

또한, 그대에게는 자신만의 힘이 전혀 없으며 내면에서 힘이 그대에게 주어질 때에만 생각하고 말하고 행동할 수 있음을 인정할 것이다.

그리고 이 모든 일을 행하고 또 뭘 할지를 늘 알고 있는 매우 애정 어린 그 무엇은, 의문의 여지없이 더 위대하고 훨씬 더 현명하며 시작하기도 전에 그 끝을 안다.

또한, 분명히 그 자신에 관해 그대의 인간적인 마음에게 가르치려고 애쓰고 있으며, 물리적인 출현과 삶의 배후 법칙들 그리고 각각의 체험이 담고 있는 교훈을 마음에게 가르치고 있다.

그 무엇은 그대가 '그대'라고 부르는 것과는 너무나 다르지만, 너무나 친밀한 그대의 일부다.

그것은 신이라 불리는 것과 아주 흡사하다.

우리는 그것을 고차적 자아라 불렀고, 사실 그대 속의 신이다.

그것은 그대의 의식 속 깊숙한 어딘가에서 신의 마음이 비추는 어떤 상(相)이나 광선, 즉 어둠 속에서 빛나는 빛 같지만, 무지함(인간적인 겉마음의)은 그것을 알지 못한다.

왜냐하면 그것이 그대의 관심을 끌어 그대가 귀 기울일 때에야 확실히, 인간의 마음이 상상할 수 있는 만큼 신에 근접한 지혜를 펼치기 때문이다.

그리고 유념해서 지키는 자들은 말로 표현할 수 없으나 대체로 신성하고 극히 만족스러운, 멋진 어떤 것을 힐끗 보게 된다.

신은 모든 것에 있다

그대는 신이 모든 것에 전부 있고 '세상 속으로 들어오는 모든 사람을 비추는 빛'이라는 진술을 들었다.

그렇다면 그 빛은 인간적 마음의 무지에 신의 마음이 비추는 광선임이 틀림없다.

그 빛은 그 자체 속에 신성한 원천, 즉 신의 마음을 인간의 마음으로 하여금 인식하도록 진력하는 신의 광선이다.

그 인간적 마음은 신의 마음에서 그것인 모든 것, 그것이 지닌 모든 것, 무엇이든 되고 알고 행동하기 위한 모든 힘을 얻어낸다.

그러면 생각해보라. 만일 신이 모든 것에 전부 있다면, 그것이 무엇이든 신이 누구이든, 신은 모든 것과 모든 사람 속에 있다.

신은 모든 곳에 있어야만 한다! 그러나 우리 중에 누가 그처럼 모든 것과 사람 속에서 신을 항상 알아보고 인정하는가?

그리고 우리는 신의 현현함에서 신을 알아보지 못하고, 신을 보기를 거부하며, 신이 모든 것이 아니라고 신을 간주하기에, 우리는 자신의 어두운 마음이 진실이라고 받아들인 모든 오류·악·거짓말을 바라보고, '분리된' 착각의 미로에서 우리 자신을 잃게 된다.

그 결과 자신과 존재하는 모든 것을 포함하는 의식에서 자기가 분리되었다고 여기는 마음의 고통과 부조화, 불편함을 감내한다.

신이 모든 것에 전부 있다면 모든 것과 모든 사람이 유익하고 완벽하다. 신과 신의 선과 완벽함이 곳곳에 있는데 그들이 달리 될 방도는 없다.

하지만 오해하지 마라. 모든 것과 모든 사람이 선하고 완벽하다고 진술할 때, 우리는 그대의 '분리된' 마음과 지금의 이해로 그대가 보고 믿는 점에 관해, 즉 그대의 분리된 마음이 만들어낸 '겉보기'를 말하고 있는 것이 아니다.

왜냐하면, 볼 눈이 있는 자에게는 신이 모든 것에 전부 있고, 모든 것에서 신의 선과 아름다움과 완벽함을 보여주고 있음을 그대가 진정으로 알기 전에는, 그대가 지금 바라보는 것은 그대가 생각했던 것이 진실이라고 그대의 마음에서 구축해온 그림일 뿐이기 때문이다.

그러므로 우선 자신이 이런 진실하지 않은 모든 믿음, 즉 그대의 마음이 구축해서 의식에 지니고 다니는, 신과 신의 발현 과정에 대한 이러한 잘못된 그림들에서 벗어날 수 있게 그대의 마음에게 진실을 납득시키는 것이 필요하다.

그러면 들어라! 모든 것에 전부 있고 오로지 선하고 완벽한 신은 또한 온통 현명하고 무엇이든 사랑하고 전능함이 틀림없다.

이보다 못한 어떤 것도 신이 아니라, 신과 신의 발현에 대해 인간이 지닌 그릇되고 무지하며 왜곡된 관념일 뿐이다.

초월 51

그대가 신의 발현이 얼마나 참된 가를 알아볼 때까지 이점을 숙고해보라.

그러면 선하거나 완벽한 것보다 못한 것은 그게 무엇이든, 그대에게 보이는 부조화 혹은 불행한 성질의 모든 것도, 무지나 그릇된 가르침 때문에 그대가 단지 그렇다고 생각하는 것일 뿐이다.
그리고 그대가 이런 것이 그대에게 실재라고 계속 믿는 한 그게 무엇이든 그대를 둘러싼 조건, 그대의 몸, 그대의 자아, 그대의 일상, 삶·건강·행복과 관련되고 영향을 끼치는 보이지 않는 것들은 그 모두에 들어맞든 아니든, 그대에게는 계속해서 실재일 것이다.

신은 진정한 그대다

이제 신이 모든 것에 전부 있다는 이 진실을 그대 자신과 관련지어보자.

만약 그녀가 우리가 진술해온 모든 것이라면 그녀는 진정한 그대임이 틀림없고, 우리가 이 메시지에서 이전에 지적했던 바로 그런 더 위대한 고차적 그대임이 틀림없다.

그녀의 생명이 그대의 몸을 생기 있게 하고, 그녀의 마음이 그대의 모든 생각·말·행동에 영향을 주고 있으며, 그녀의 힘이 그대가 하는 모든 일을 가능하게 해준다.

그대의 의식은 곧 그녀의 의식임이 틀림없지만, 그대의 고차적 자아를 통해 그대의 영혼으로 그다음 그대의 인간적인 마음으로 단계별로 내려와, 그대의 고차적 자아가 있는 영계靈界에서는 그리스도 의식으로, 그대의 영혼이 있는 혼계魂界에서는 영혼의식으로, 그리고 그대의 두뇌 마음이 있는 물질계에서는 유한한 의식으로 각각 자신을 발현하고 있다.

그러나 그대의 어두운 유한한 마음의 통로가 그녀를 인식하고 그녀의 의식을 취하기 위해 밝아졌기에, 그대의 의식은 그대가 신, 실재 자아, 모든 사람의 한 자아(왜냐하면 그는 모든 것에 전부 있지 않던가?)를 충분히 인식하게 해주는, 그대의 고차적 자아를 통해 연이어 내려온 신의 의식이 된다.

인간이 신을 알기 위해서는 먼저 자신의 자아를 알아야 한다.
그리고 그대의 영혼이 그대의 본질, 즉 그리스도 자아(신성한 영이나 신의 의식)를 입고 있듯이, 그대가 살과 피로 이루어진 물질이 아니라 육신이라는 옷을 입은 인간의 영혼, 즉 의식의 핵核임을 진실로 알 때, 우리가 위에서 보여주었던 것처럼, 그대는 어떻게 신이 실제로 자신의 내면에 있고 그대**인지**를 이해하기 시작할 수 있다.

이제 그대를 먼저 영혼 즉 의식의 핵核으로 간주하고 그런 다음 우리는 그대에게 그대의 영혼이 그대의 인간적인 마음과 그대의 고차적, 영적 자아와 어떤 관계인지 보여줄 것이다.

그대는 그 모습 그대로 영혼이자 순수한 의식이다.
달리 표현하자면 그대는 오감의 통로를 통해, 또는 의식의 다른 핵核들에서 오는 인상이나 생각처럼 오감이 인식하지 못할 정도로 민감한 진동들을 통해 외부에서 그대에게로 오는 모든 것을 인식하거나 의식하는 그런 것이다.
이러한 모든 감각은 그대의 인간적인 마음이라는 매개체를 통해 그대의 의식에게로 전달되는 반면, 위에서 언급한 그 진동들은 영혼에 의해 직접 받아들여지고, 마음이 그것을 이해하도록 준비가 되어 있는 정도에 따라 마음에서 해석된다.

영혼이나 의식으로서의 그대는 자신의 인간적인 마음과 구별된다. 왜냐하면, 마음은 외부의 물질 세상에서 오는 것을 받아들이고, 그것을 그대에게 알려주는 도구로서만 역할을 하기 때문이다.

하지만 실상 마음이란 그대의 영혼의식이 외부로 확장된 것으로, 인간 뇌의 정신적인 능력에 맞춰 진동이 늦춰지고, 그곳에서 물질 세상에서 진행되는 모든 일을 그대에게 알려주며, 물질 세상과 관련한 그대의 지시를 이행하는 대리인의 역할을 맡고 있다.

그런 부분적이고 부득이 제한된 의식에서는 마음은 점차 자신을 스스로 하나의 자아로 생각하게 되고 그대를 영혼의식에서 분리된 것으로 간주한다.

이러한 공상적인 분리 때문에 마음은 점차 자신의 의식을 위에서 언급한 물리적이고 정신적인 것들에 관한 온갖 엉터리 개념과 믿음들로 채웠고, 그것은 그 의식 속에서 너무도 실재적이고 구체적이 되어 얼마 지나지 않아 그대의 모든 생각·말·행동을 지배했다.

그리고 이런 외적이고 공상적인 분리 의식은 그대의 낮은 자아, 즉 유한한 자아를 구성하고 있다.

그러나 이런 개념과 믿음은 그대가 허용하는 경우만 빼면 그대의 영혼의식에 어떤 영향력도 발휘하지 못한다.

그 증거는, 그대가 마음을 고요히 가라앉혀 외부에서 들어오는 모든 인상과 생각을 막을 때, 그대는 순수 영혼의식 속에 있게 되고 내면의 영혼에서 나오는 인상을 자유로이 인식하게 된다는 점이다.

왜냐하면, 그때 그대는 마음의 외부 의식이 그대에게 물질적인 정보를 알려주기 위해 외부에서 재촉하듯이, 그대에게 영적 정보를 알려주기 위해 내면에서 영혼에게 재촉하는 고차적 의식과 영적인 지성이 내면의 영혼 깊숙이 있음을 터득하기 때문이다.

그리고 그런 더 높거나 가장 내밀한 의식이 고차적 자아 혹은 신성한 자아의 의식이다.

실상 오직 하나의 자기Self만 있으나, 이것은 그대가 어떻게 고차적 자아, 즉 인간에게 있는 신의 영이 신성한 의식이 있던 인간 존재의 핵에서 밖으로 혹은 아래로 내려와 영혼의식이 되고, 그다음 외부로 나와 유한한 마음이 되어, 인간의 뇌에게 자신의 의식을 주고, 그것이 인간으로 하여금 자신의 의식이 분리되었다고 생각하게 하는지를 보여준다.

사실 영혼의식은 신의 의식을 붙들어서 사용하기 위해, 뇌에 있는 마음의 기능으로 엷어진 신의 의식일 뿐이다.

신적 자아

그렇다면 고차적 자아 즉 내면 깊숙이 있는 신의 영이 진정한 그대며, 삶의 모든 활동을 언제나 지도해왔던 자아이다.

또한, 사실상 그대를 통해 모든 일을 해왔고, 자신이 무엇을 하고 있는지 알고 있으며, 모든 책무를 떠맡고 명백히 시작하기도 전에 그 끝을 안다.

그때 인간적인 자아는 아무것도 하지 않으며, 그 어떤 것도 한 적이 없으며, 그대가 지닌 모든 힘·지식·삶은 실상 고차적 자아에게서 왔고, 만일 그대가 무엇이든 되고·하고·가지고자 한다면, 그대의 영혼이 구하는 자유·행복·평화를 얻고자 한다면, 그대 삶의 모든 활동에서 고차적 자아와 충분히 친숙해지고, 그녀와 협력하는 것을 배우고 익히며, 그녀를 받들어 섬기는 것이 당연한 의무임을 그대는 깨달을 수 있다.

이것에서 또한 그대가 과거에 영혼이 구하는 것 중 어느 하나도 얻지 못했던 이유는, 그 행위에서 고차적 자아에 의지하지도 그녀의 역할을 알지도 못하고 이런 것들을 얻으려 했기 때문이요, 그것을 혼자 해내려고 애썼기 때문임을 깨달을 수 있다.

그래서 그녀는 그대가 무엇이든지 혼자 힘으로 해내려고 애씀이 헛되다는 점을 터득해서, 기꺼이 그녀에게 의지하고 겸손하게 그녀가 맡도록 요청하고, 기쁘게 모든 것을 그녀에게 양도하며, 모든 신뢰를 그녀에게 두는 그런 입지에 도달할 때까지는 그대로 하여금 계속해서 실패하게 했던 것이다.

모든 사람이, 삶의 참된 길을 구하는 모든 구도자가 그 지점에 이르러야 한다.
왜냐하면 인간적인 마음을 지닌 자아가 철저히 겸허하게 몸을 낮추고 완전히 포기할 때까지는 인간 마음은 비실재이고, 인간 내면의 신이 실재라는 진실을 받아들일 수 없기 때문이다.
더군다나 인간 마음이 자신을 완전히 그녀에게 항복할 때 그녀가 그 모든 일을 할 수 있고, 모든 걸 제공하기 때문이다.

만일 글을 읽는 그대가 이 지점에 도달했고 진실로 내면의 신적 자아에게 그대 자신을 내줄 준비가 되었다면, 우리는 그대에게 중대하지만 간단한, 그대가 따라야 할 법칙을 일러주겠다.

간단한 법칙

그 법칙은 다음과 같다.

"그대 앞에 주어진 것이 무엇이든 그대의 신적 자아를 기쁘게 하고자 그대가 아는 최상의 방법으로 하라"

왜냐하면, 신이 그대가 지금 있는 바로 이곳에 그대를 데려다 놓았기 때문이다.

또 그대가 아직 터득하지 못한 다음번 교훈을 그대의 인간적 마음에게 가르쳐주고, 그대의 인간적 자아를 신의 완벽한 도구로 활용하기 위해서 그대에게 아직 부족한 영적 자질을 개발할 최선의 수단과 기회로서, 지금 그대가 직면한 고유한 임무를 신이 부여했기 때문이다.

그러면 이제 자신을 전적으로 신에게 넘긴 그대는, 신이 모든 임무를 제공하고 그대를 모든 문제로 데려갈 터이니, 그 임무를 수행하는 데에 필요한 힘·이해·능력을 신에게서 제공받을 것이고, 결과는 신이 모두 관리하니 그대는 결과에 더는 책임지지 않아도 된다는 것을 **알고**, 그대 앞에 놓인 것에 전력을 기울이는 데에만 관심을 두면 된다.

그대는 모든 책무를 신에게로 돌렸고 신에게 모든 것을 맡기고 있기에, 그 결과로 어떤 두려움·의심·걱정이 그대의 마음을 방해해서 그대를 위한 신의 목적 성취를 가로막으리라는 점이 이제는 없어지지 않았던가?

따라서 그대는 오로지 신에게 모든 것을 양도함으로써 신이 그대의 삶에 구현하고자 의도하는 선하고 완벽한 것들을 가져다줄 수 있는 깨끗하고 열린 통로가 될 수 있다.

신에게는 선하고 완벽한 것을 구현하는 것보다 못한 어떤 의도도 있을 수 없으니, 이런 의도가 아니라면 무슨 이유로 신이 그대에게 이 모든 수고를 아끼지 않고 있겠는가?

소중한 친구여, 구현해내는 것은 모두 그대 내면의 신을 신뢰하는, 신뢰의 문제다.

만일 그대가 과거에 모든 노력을 기울였으나 실패했다면 그것은 그대가 **충분히** 신을 신뢰하지 않았기 때문이다.

그러므로 신의 모든 지혜와 힘을 지닌 그대의 고차적 자아며 그리스도인 그대 내면의 신을 진실로 그대가 신뢰하고, 자신을 완전히 내려놓고 **모든** 신뢰를 **신**에게 두라고 그대에게 요청함으로써 우리는 이 중대한 진실에 더욱 가까이 다가가고 있다.

따라서 그대는 내면의 신이 그대 의식에서 최고의 주도적 세력이 될 때까지 신뢰하는 법을 체득해야 한다.

왜냐하면, 그대의 선이 자연스럽게 지속해서 발현해 나오는 것을 막는 유일한 것은 그대 내면의 신, 즉 그리스도 자아에 대한 진정한 믿음과 신뢰가 부족하기 때문이다.

이 뜻은 만일 그대가 믿음과 신뢰보다 여전히 두려움·의심·걱정을 그대의 마음에 들어오게 한다면, 당연히 이것들이 그대가 두려워하는 것들의 부정적인 그림들을 확립하게 되고, 그대는 더한 두려움으로 이것들을 대접하고 부양하기 시작해서 결국 이것들이 그대의 멘탈계에 실제로 살아있게 된다는 것이다.

머지않아 두려움이 주로 그대의 마음을 지배하고 그대는 무기력해진다. 그리고 그대가 그것에 굴종할 때마다 당연히 그대는 더욱 무기력해진다.

이것이 사실이 아닌가?
이때의 해결책은 무엇인가?
오직 하나다.
그대를 완전히 내려놓고 총체적 문제를 신에게 돌려야 한다.
이렇게 실제로 하라.
문제에서 '손을 떼고' '그 영향권에서 물러나' 전적인 책무를 신에게로 돌려라.

생각해보라!
그대는 책무를 신에게 돌릴 수 있는가?
이렇게 시도해보라.
사실, 신은 이렇게 하길 바란다.
그대의 실재 자아인 내면의 신에게 말을 걸어
'나는 내 몫을 끝냈다'고 말하라.

초월 61

'나는 최선을 다했다'고.
'이런 것이 내가 할 수 있는 모든 것이다'고.
'이런 것은 쓸모없었고, 이제는 신의 책임이다'고.
'신이 이것을 다루어야만 하리라'고.
정말로 그리하고 그런 다음 놓아버려라.
그리고 진실로 모든 의무감에서 손을 떼라.

그럴 때에야 신은 그대의 마음이 비로소 신의 목소리를 듣고 신이 그대를 위해 예비해두었던 것을 배울 준비가 된 상태로 여긴다.

왜냐하면, 일단 그대의 마음이 정말로 자아의 짐을 벗어 던졌다면, 이제는 낡아빠진 두려움·의심·걱정을 끌어들이는 부정적인 힘이 없어졌기 때문이다.

이것을 대신하여 신이 이제 모든 일을 돌보리라는 것을 믿는 긍정적인 힘이 그대에게 생긴다.

왜냐하면 그대는 아무것도 하려고 의도하지 않고, 신이 해낼 수 있다는 것을 증명할 기회를 신에게 주고자 의도하기 때문이다.

절대적인 내려놓기

그녀가 그대를 데려가고자 하는 곳은, 바로 모든 것을 실제로 놓아버려서 그대가 지고 있는 짐을 그녀에게로 넘기고, 그리하여 우리가 이제 그대에게 그려줄 바로 그런 어린아이 모습처럼 자유로워진 마음 상태다.

붐비는 거리에서 신호등을 기다리며 서 있는 세 살짜리 꼬마는 부모의 손을 단단히 붙잡고 있다. 곧 그들은 길을 건넌다. 이 아이는 붐비는 도로의 큰 자동차들과 소음, 소란에 겁먹는가? 아니다. 아이는 어떤 위험도 보거나 알지 못하고, 오히려 그 소란과 서둘러 건너는 군중에 섞이는 것을 기쁘게 즐긴다.

부모가 아이를 돌보고 있으며 어떤 손상도 아이에게 다가오지 못하게 할 것임을 아이는 알기 때문이다.

부모가 먹이고 입히리라는 것을 아이는 무의식적으로 안다. 아이에게 **부모**는 아이가 필요로 하는 모든 것을 제공하고 보살펴줄 신적인 존재이기 때문이다.

그대의 신적 **자아**가 신의 자녀인 그대를 사랑하지 않고, 공평하게 보살펴주지 않는다고 생각하는가?

과연 그대는 그녀의 존재 일부가 아니고, 그녀는 자신의 자아를 발현하기 위해 그대를 필요로 하지 않는단 말인가?

그렇다면 어떻게 그녀가 그대로 하여금 정말로 고통받고 손해를 입게 할 수 있겠는가?

그대의 인간적인 마음이 겪는 것과 두려워하는 위험들은 이해의 빛이 유입되면 사라지는 어린 시절의 악몽일 뿐이다.

게다가 이와 같은 정신적 고통은 실제로 그녀의 완벽한 발현을 방해하는 자아의 기질들을 태워 없애며, 들어와 지속하는 두려움을 통해서 그녀는 그대에게 강해지는 법을 가르친다.

그대에게 있는 마음의 채널을 막고 있고, 그녀가 그 채널을 통해 베풀고자 준비한 선을 막고 있는 것은 바로 이러한 정신적인 두려움들이다. 왜냐하면, 그것들은 순전히 정신적이어서 그녀의 의식이 아니라 그대의 마음에 존재하기 때문이다.

그렇다면 그대는 마음에서 그와 같은 모든 부정적인 것들, 즉 모든 의심·두려움·걱정 특히 그대의 의식 속에 있는 **엉터리 그림**을 제거해야 할 것이다.

그대는 여전히 자신이 병약하고 고통받거나 가난해서 무엇이든 아주 많이 겪을 필요가 있다고 보는가?

그 통로를 막고 있는 것이 바로 그런 그림이라는 것을 그대는 깨닫지 못하는가?

그대가 의식에서 그렇게 존재한다고 생각해서 지니고 있는 것은, 언제나 그 자체를 구현해낸다.

그대가 구현하고자 소망하는 선이 어떻게 이런 그림을 비켜갈 수 있을까?

 소중한 친구여, 바로 이것이 총체적 고민거리로, 그대는 마음에서 그런 낡은 믿음으로 된 그림을 제거하지 않았다.
 그런 믿음 중 일부는 의도적으로 빛으로 나오기를 거부하며 잠재의식의 어두운 구석에 숨어있다.
 왜냐하면, 그대가 낡은 믿음의 실상을 알아보는 순간 일부 믿음은 자신의 운명이 얼마 남지 않았음을 알기 때문이다.
 사실 그대는 잠재의식으로 깊숙이 들어가 그 모든 것을 파내어 제거해야 한다.
 왜냐하면, 마음 전체가 깨끗해져서 모든 부정적이고 진실 되지 않은 생각과 감정이 없어지고, 또 그렇게 유지될 때에야 비로소, 그대에 관한 긍정적이고 참되고 선하고 완벽한 발상만이 존재하는 신의 의식으로 부정적 생각이 들어올 수 없으며, 그대는 모든 사물을 그녀가 보듯이 실상 그대로 바라볼 수 있고, 그녀가 아는 것처럼 알 수 있게 되기 때문이다.
 따라서 그대의 마음은 그녀가 매우 오랫동안 그대를 위해 준비해두었던 신성한 유산을 그대에게 줄 수 있는 완벽한 통로가 된다.

신인 그대를 상상해보라

이제 우리는 그대에게 자신을 신적인 자아의식으로 상상해보고, 그대라고 부르는 자아와 그대 주변의 다른 자아들과 그대가 사는 세상을 그녀의 눈으로 바라보라고 요청한다.

우선, 그녀는 전지하고 전능하며, 무엇이든 사랑하고 또한 여전히 그대이긴 하지만 완벽한 그대이기에, 그녀에게는 완벽한 마음과 몸이 실제 있지만, 그대의 육체적 자아와는 같지 않음을 알라.
그녀의 몸은 인간이 원래 만들어졌던 '신의 이미지와 닮은꼴'이다.
그리고 만일 신이 인간을 자신과 같게 만들었다면 누가 완벽한 존재인 인간을 바꿀 수 있을까?
심지어 인간도 자기 자신을 바꿀 수 없다.

그렇다면 인간 역시 틀림없이 완벽하다!
그렇다, 그것은 달리 될 방도가 없다.
그대는 신이 창조한 완벽한 어떤 것을 어느 누가 바꾸거나 무효로 만들 수 있다고 생각하는가?

그러면 그대는 '어떻게 인간이 그토록 변질하였느냐'고 묻는다.
인간은 바뀌지 않았고 실재 인간 그대로다. 신이 창조했던 그대로 그리고 신이 지금 인간을 보듯이 인간은 그대의 고차적 자아(진정한 그대)요 완벽하며 또 인간은 언제나 그러할 것이다.

자, 들어라! 그대와 여타 인간들이 보는 것은 유한한 인간의 창조물이지 신의 창조물은 아니다.
그것은 다만 인간이 상상해낸 '분리된' 마음의 창조물일 뿐이고, 뇌에 있는 마음의 의식을 제외하곤 어떤 존재성도 없다.
신이 인간에게 자유의지를 주었을 때, 그녀는 인간의 의지대로 **생각할 능력을** 주었고, 이것은 **창조하는 능력을** 뜻한다.
인류는 선(신의 생각)이나 악(신의 생각이 아님)을 생각할 수 있었다.
이때 인간은 자신의 신적 속성을 깨닫지 못했고, 인간의 판단 기준에 오로지 인간적인 속성만 있었기에, 자신이 학습하기 위한 유일한 방법으로 사물에 관한 어떤 존재나 신의 말에 의해서가 아니라 자신의 창조물(자기 세상의 사물, 조건, 사람들)이 **아닌** 것을 생각해내고, 시험해보며, 찾아냈다.
그리고 인간은 이런 자신의 의식 세상에 완벽한 사물과 조건을 만들어내기 위해 처음부터 그렇게 생각해내고 창조해보고 시험해보았으며, 그리하여 그대가 그대 주변 어디에서나 목격하는 그 결과물들이 생겼다.

오랜 세월에 걸쳐 우리가 그대에게 가르치고자 애쓰고 있는 그 진리(그대 자신으로는 아무것도 할 수 없고, 내면의 신의 도움을 받아야 모든 것이 될 수 있고, 할 수 있고, 지닐 수 있다는 진리)를 터득했던 사람은 많지 않았다.

그리고 신의 도움으로 터득한 사람들은 그리스도 의식으로 들어갔고 지금 그 의식에 거하며, 신과 하나 되고, 다른 이들이 천국에서 하는 것처럼 지상에서도 신의 일을 하고 있다.

그리스도 의식

그리고 이 그리스도 의식 속에서 그들은 뭘 목격하는가?

그들은 자신들 각각의 영혼이 젊고 선하고 아름답고 완벽하며, 부모가 마음에 품었던 모습 그대로 그 거주민이 자유롭게 이용하고 누릴 수 있도록 모든 것이 고안된 완벽한 세상에 사는 영혼들임을 목격한다.

이는 모든 사람이 항상 쓸 수 있는 선한 것이 모두 풍부하게 있음을 의미한다.

아무에게도 부족한 것이 없다.

왜냐하면 무엇이든 늘 가까이 있기 때문이다.

그곳에서는 소망하기만 하면 무엇이든 생각에 따라 창조되고, 바라면 바로 지녀볼 수도 있다.

따라서 누구나 바라는 것마다 모두 자신에게 있기에, 아무도 다른 이에게서 빼앗거나 빚지지도 않는다.

그가 해야 할 일이란, 마음으로 자신이 원하는 것을 명확히 하기만 하면 되고, 그러면 그것은 형상을 취해서 그가 사용할 수 있게 완벽히 준비되어 바로 눈앞에 물질화된다.

이것에서 그대는 그곳에 이기심이 없음을 알 수 있는데, 왜냐하면 그들 모두에게는 자아가 전혀 없기 때문이다.

불의가 없으니 이는 정의의 법칙이 모든 이의 의식을 주관하기 때문이요, 악이 없으니 악·죄·병·부조화·불행은 유한한 마음의 창조물임을 터득했기 때문이다.

따라서 헌신적인 자는 자신이 그리스도 의식에 있고, 부정적인 것을 다시는 생각하지도 그런 마음으로 창조하지도 않기 때문이다.

이 설명으로 어떻게 그리고 왜 인간이 이런 외부 세상(이 세상은 인간만의 창조물이지 신의 창조물이 아니다)에 책임이 있는지를 이해하는 데 도움이 되는가?

그리고 이제 무엇이 신의 세상인지 보이는가?

오로지 진리만을 기억해내고 알아볼 때면 언제나 탕자로서 되돌아올 수 있고, 천국의 부모가 팔을 벌리고 기다리고 있는 그곳, 신의 나라, 천국의 본향이 보이는가?

그리고 이 천국의 부모는 누구인가?

그들은 그대가 원하는 아무 때에나 돌아갈 수 있는, 그대의 영혼 내면 깊숙한 의식 속에 언제나 있는 그대의 실재 자아이자 신적인 그대다.

그대가 할 일은, 인간적 마음의 외부세상에서 그대의 의식을 짓누르는 모든 걸 벗어던지고 그대의 관심을 영적 내면세계로 돌리기만 하면 된다.

특히 외부의 조건들이 아무리 힘겨워 보여도, 그것이 외관상 그대에게 어떤 영향을 미치더라도 그런 조건을 보고서 이야기하거나,

마음으로 깊이 생각하기를 거부해야 한다.

그것은 인간의 마음 세계에만 존재할 뿐, 신적인 그대가 보고 살아가는 실재 세상에는 존재하지 않는다는 점을 명심하라.

만일 이것을 결연히 해낸다면, 머지않아 이 나라의 실상이 그대 내면에 현시할 것이고, 그대는 신의 목소리를 듣고 그대를 위한 신의 의지와 목적이 무엇인지 명확한 안내를 받을 것이다.

신에겐 어떤 목적이 분명히 있는데, 그렇지 않다면 왜 마음과 성격의 이런 온갖 훈련과 계발이 있겠는가?

신은 자신이 무엇을 왜 하는지 알고 있으며, 그대가 자아를 완전히 신에게 내맡길 때 그대를 신의 의식으로 데려가, 그곳에서 그대는 신이 처음부터 의도했던 것을 성취하기 위해 신과 함께 일할 것이라는데 의문의 여지가 없다.

여기서 멋진 부분은 그곳에는 그대와 함께 일할 다른 사람들이 있다는 점이다.

이미 그들은 자기 내면의 신을 찾아내서, 새롭고 훌륭한 자아와 놀라운 세상, 멋진 동료를 발견했다.

그 세상은 그들이 창조했던 언제나 변화하는 이 세상보다 훨씬 더 실재적이다.

그렇다, 자신의 영원한 본향이고, 신적 의식의 나라며, 예수가 당대 사람들에게 알려주려고 진력할 때 많은 비유에서 묘사했던 본향이고, 그가 사명을 다한 후에 그가 갔던 곳이며, 그가 지금도 살고 있고, 그를 따랐던 제자들과 함께 일하고 있는 바로 그곳을 그들은 찾아냈다.

그들에게 예수는 매우 실재적이고 실제적인 교사며 안내자이자 친구다.

그는 지구 위의 모든 추종자에게 자신의 모습을 드러내고, 천국을 지상으로 가져와 진실로 사람들 한가운데에 있게 될 그 위대한 날을 위해 그들을 준비시키고 있다.

다음 단계

이런 점은 자신과 자기 세상의 모든 것에 관해 오로지 참된 생각만 하는 것을 체득한 자에게 무엇이 가능한지를 그대에게 보여준다.

멋진 진리가 그대에게 펼쳐졌고, 만일 그대가 낡은 의식에서 그리고 그대를 둘러싼 조건에서 자신을 자유롭게 해서 대기하고 있는 그 새로운 의식으로 진입하기만 한다면, 이제 그대가 해야 한다고 느꼈던 것을 하기가 확실히 더 쉬워질 것이다.

비록 출구가 그대에게 제시되었다고 해도, 그리로 걸어 들어가야 할 자는 그대며 누구도 대신해줄 수 없다.

그 나라로는 떠밀려 갈 수도, 건너뛰거나 슬쩍 끼어들 수도 없다.

그 길이 아무리 힘겹고 가파를지라도 그리로 가는 모든 계단을 걸어서 들어갈 권리를 획득해야 할 자는 바로 그대다.

마음이 내키지 않고 우유부단한 이들이 나설 여정이 전혀 아니다.

이제 만일 제시된 그 진리를 확신한다면 다음 단계는, 우선 이 실재 자아와 철저히 친숙해지고, 그녀를 그대 자신으로 보며, 그녀의 의식 속에 거닒으로써 그것의 진실을 입증하기 위해 노력하는 것이다.

그대가 실제로 그녀를 내면에서 느끼고, 그녀가 그대에게 자신의 힘과 활기찬 생명과 에너지를 아낌없이 주는 것을 느끼고, 그것을 깨달아 전율을 느낄 때까지 이를 매일 실천하라.

그런 다음 그녀의 생각만을 생각하고, 모든 것과 모든 사람에게서 오로지 선과 완벽함만을 보고 들으며, 겉모습에 눈과 마음을 결연히 닫고, 겉모습이 숨기고 있는 선을 곧장 꿰뚫어보는 단호하고도 흔들림 없는 노력을 기울여라.

그대가 의지를 낸다면 할 수 있다.
진실로 선을 구하면 어디서나 선을 발견할 수 있다.
왜냐하면, 가슴속에 그런 소망을 품으면 그대는 내면의 선(그대의 신神 의식)과 연결되고, 그것은 그대의 마음을 비추어 유한한 의식으로는 감지되지 않는 것을 영혼의 눈으로 보게 하고, 영혼의 귀로 듣게 할 것이기 때문이다.

이 신적인 그대를 기쁘게 하려는 애정 어린 온갖 소망을 품고서, 그대가 각별히 신에게 진심으로 신뢰를 줄 때, 그 소망을 성취할 수 있도록 주어진 도움을 발견하게 될 것이다.
그리하여 그대가 신을 확실히 신뢰하게 된다면 예수가 한 다음 말의 뜻을 체득하게 될 것이다.

"너희가 내 안에 있고 내 말이 너희 안에 있으면, 무엇이든지 청할 수 있고, 너희에게 이루어질 것이다."

그대의 신뢰가 절대적일 때, 그대는 다시는 어떤 것도 원하지 않게 될 것이다.
왜냐하면, 신에게 있는 모든 것이 그대의 것임을 알게 될 것이기 때문이다.
신은 자기 나라의 부를 끊임없이 그대에게 줄 것이고, 나라의 창고는 무궁무진하므로 더 이상의 요구가 필요 없어질 것이다.

소중한 친구여! 이런 신뢰가 바로 우리가 그대로 하여금 하기를 바라는 바다.
즉 신이 그대를 통해 모든 일을 완벽하게 할 것임을 **알고**, 의심·두려움·걱정, 참되지 않은 생각, 결과에 대한 걱정에서 그대의 마음을 자유롭게 하면서, 매일 매 순간 뭘 하더라도 그의 의식에 거하고, 신에게 모든 신뢰를 두어 모든 걸 신에게 일임하도록 노력하기를 그대에게 바란다.
왜냐하면, 그럼으로써 그대는 신이 그대의 모든 유한한 삶을 위해 그대를 준비시키고 의도했던 대로, 진실로 자유롭게 신의 생명이 그대 속에 살 수 있게 하고, 신의 의지가 그대에게서 실현되고, 신의 자아가 그대 속에 있게 해주기 때문이다.

신과 재신財神

지금 인류가 겪고 있는 시련에 직면하여 그런 이유와 목적을 찾아내 그것에서 벗어나는 법을 구하고 있는 누구든, 알 필요가 있는 모든 내용이 다음의 산상수훈 구절에 있다.

우리는 산상수훈이 얼마나 멋지게 우리가 논의해왔던 바로 그 질문에 적용되고, 이것이 진술되었던 모든 것을 어떻게 완벽하게 확인해주는지를 그대에게 지적할 것이다.
우리는 이 중요한 말로 시작하겠다.

"아무도 두 주인을 섬기지 못한다. 한쪽을 미워하고 다른 쪽을 사랑하든지, 한쪽을 귀중히 여기고 다른 쪽을 업신여길 것이다. 너희는 하나님과 재신을 같이 섬길 수 없다."

이것이 뭘 뜻하는지 주의 깊게 숙고하라. 그대들 중 두 주인을 섬기려 하지 않는 자가 몇인가?
그렇다, 신을 섬기려고 노력하지만, 현재 그대들 중 누가 돈과 돈의 힘을 두려워하지 않는가?
돈이 자신의 생각과 행동 대부분을 지배하기에, 매일 돈이 지배하는 힘을 인정하고, 무엇인가 하기를 두려워하면서 돈 앞에 굴복하지 않는 자가 누구인가?

사실 신보다 돈의 영향력이 그대의 생각을 지금 열배 아니 백배 나 더 점유하고 있지 않은가?

그런데도 그대는 재신을 섬기지 않는다고 말하는가!

소중한 친구여! 그대는 이런 식으로 계속할 수는 없다.

이제는 두 주인을 섬길 수 없다.

신과 재신財神 중 누굴 섬길지 결정해야 할 때가 왔다.

왜 이런 시련이 인류에게 찾아오고 있다고 생각하는가?

그것은 과거에 그대들이 신과 재신을 둘 다 섬기려 했기 때문이다.

이제 둘 다 지원을 거두어들여서 그대로 하여금 스스로 둘 중 한 배역을 선택하게 하고 있기 때문이다.

그래서 결국 그대 자신은 아무것도 할 수 없고, 이제 누구를 섬길지 그리고 누구에게 충성을 다 바쳐야 할지 선택할 필요성에 직면했음을 깨닫고 있다.

왜냐하면 지금은 이런 선택이 그대에게 요구될 때이기 때문이다.

그리고 이것은 특히 모든 진리 탐구자에게 적용되지만 어떤 식으로든 신의 도움을 요구했을 수도 있는 사람들 또한 포함된다.

왜냐하면 자신의 모든 신뢰를 신에게 두고, 참으로 신을 섬긴 자는 현재의 조건에 영향받지 않고 지속해서 번창하기 때문이다.

한편 재신에 전념을 다 한 사람도 마찬가지로 크게 번창한다.

외관상으로는 번창하지만, 평가해서 결산할 때가 아직 오지 않았을 뿐이다.

하지만 우리는 후자에 관심이 없다.
우리의 관심은, 신을 섬기고 재신의 힘에서 자신을 영원히 자유롭게 하기를 열망하는 그대를 향해 있다.
예수의 말들이 특히 그대에게 해당한다.
예수의 말을 주의하여 들어라.
그의 말들은 실제적인 약속이요, 그대를 위한 매우 명확하고 틀림없는 가르침을 담고 있기 때문이다.

"그러므로 내가 너희에게 말한다. 너희 목숨을 위하여 무엇을 먹을까, 또는 무엇을 마실까 걱정하지 마라. 몸을 위하여 무엇을 입을까 걱정하지 마라. 목숨이 음식보다 훨씬 소중하지 않느냐? 몸이 옷보다 훨씬 소중하지 않느냐?"

"하늘에 있는 새를 보아라. 새는 심지도 않고, 거두지도 않고, 창고에 쌓아 두지도 않는다. 그러나 하늘에 계신 너희 부모께서 새들을 먹이신다. 너희도 새처럼 귀하지 않느냐?"

"너희 중에 누가 걱정한다고 자기의 수명을 조금이라도 연장할 수 있느냐? 너희는 왜 옷에 대해 걱정하느냐? 들에 피는 백합꽃이 어떻게 자라는가 생각해 보아라. 백합은 수고도 하지 않고, 옷감을 짜지도 않는다. 그러나 내가 너희에게 말한다. 온갖 영화를 누린 솔로몬도 이 꽃 하나에 견줄 만큼 아름다운 옷을 입어 보지 못했다."

"하느님께서 오늘 있다가 내일이면 불 속에 던져질 들풀도 이렇게 입히시는데, 너희도 소중하게 입히시지 않겠느냐? 믿음이 적은 사람들아!"

여기서 '신을 섬기는 자'와 '재신을 섬기는 자'에게 요구되는 차이점이 알기 쉽게 서술되었으며, 신을 섬기는 자는 의식주에 관해 지나치게 걱정할 필요가 없음을 명확히 제시했다.
왜냐하면, 그들이 신을 믿으면 신은 이 모든 것을 돌보리라고 약속했기 때문이다.
게다가 새와 백합처럼 그들의 삶도 그들 속에 있는 신의 삶이니, 확실히 신이 자신의 생명을 먹이고 입히고 부양할 것임을 그들은 알기 때문이다.

하지만 재신財神이 그런 신뢰를 요구하는가?
아니다. 재신은 자신의 하인이 가장 하찮은 소원대로 비참한 노예가 될 때까지 그들을 상실·부족·빈곤이라는 두려움의 채찍으로 언제나 협박한다.

전자는 신을 기쁘게 하려는 노력으로서 헌신적인 사랑과 섬김의 삶을 발전시키고 표현한다.
반면 후자는 점점 더 재신에 굴복하여 차갑고 잔혹한 존재가 되어 순전히 이기적인 욕망을 채우는 방법만을 생각한다.

하지만 다음 예수 말에 더 깊이 귀를 기울이라.

"그러므로 '무엇을 먹을까?', '무엇을 마실까?', 혹은 '무엇을 입을까?' 하면서 걱정하지 마라."
"이런 걱정은 이방 사람들이나 하는 것이다. 하늘에 계신 너희 부모께서는 너희에게 이 모든 것이 필요한 줄을 아신다."
"먼저 부모의 나라와 부모의 의를 구하여라. 그러면 이 모든 것들이 너희에게 덤으로 주어질 것이다."

이방인이라는 말은 유대인들에 의해 '이교도'나 '신에게 선택받지 못한 사람들'과 동의어로 사용된 말이었고 확실히 예수는 그 의미로 그 말을 사용했다.
달리 말하자면 신에게 선택된 자인, 신의 일꾼은 신을 알며 자신의 모든 필요를 신이 들어주리라고 완전히 신뢰한다.
그러나 이방인은 신의 사람이 아니며 무엇을 입고 마시고 어떻게 입을까 늘 걱정하는 사람들이다.

그래서 예수는 만일 신의 나라(모든 신뢰를 신에게 두고 모든 섬김을 그에게 주는, 사랑과 평화가 거하는 신성한 의식)를 먼저 구한다면 물리적 세상에서 필요한 모든 것이 풍부하게 제공되리라고 우리에게 말한다.
원본 그리스어로 강조된 대화 번역본은 그것들이 "더 보태질 것 superadd"이라고 진술한다.

"그러므로 내일을 걱정하지 마라. 내일은 내일에게 맡기고, 오늘의 고통은 오늘로 충분하다."

우리는 애정으로 지켜봐지고 돌봐지고, 우리의 모든 필요가 알려지고 공급될 것이다.

우리의 유일한 생각은 신이 새들과 백합화를 부양하듯 모든 것이 우리에게 제공되리라는 앎이 되어야 함을 어떻게 더 쉽게 밝힐 수 있을까?

그래서 결국 이것은 모두 신뢰와 입지의 문제요, 우리가 아는 최고의 방법은 바로 우리 앞에 놓인 것들을 행하고 그 결과와 내일, 그 외 모든 것을 신에게 내맡기는 문제로 귀착된다.

소중한 친구여, 그대는 이렇게 할 수 있겠는가?

그대는 지금 결정해야 한다.

이제 우리가 어느 쪽에 설 것인지를 선택해야 할 때다.

시간이 조금밖에 남지 않았다.

그러면 그대는 누구를 섬길 것인가?

그대가 결정하도록 도울 더 많은 시련과 더 힘겨운 시험이 필요한가?

그러나 이 섬김은 절대 어중간하거나 양다리 걸칠 수 없다는 것을 명심하라.

그것은 이제 용납되지 않을 것이다.

그런 것이 소용없다는 것은 이전에 노력한 결과로 그대에게 입증되었다.

그대는 모든 것을 포기해야 한다.

그대가 소유하고 있고 그대에게 있는 모든 것을 포기하고 신을 따라야 한다.

그대의 의식 속에서 신과 신의 나라를 찾아내는 것과 신의 삶을 사는 것을 **우선시**해야 한다.

그대는 매일 매 순간 신을 신뢰해야 하고, 신에 관한 생각이 모든 다른 생각을 대신해야 한다.

이런 것이 신이 지금 그대에게 청하는 신뢰의 모습이다.

오, 자신을 완전히 그러한 신뢰로 신에게 맡긴 자들에게 기쁨과 축복이 있을지니!

부富
WEALTH

부 |

내가 세상이 부라 일컫는 것을 풍족하게 주었던 그대여!
그대에게 주는 나의 이 특별한 메시지에 귀 기울여라.

그대!
그대의 형제자매보다 더 축복받은 그대는 누구인가?
수백만의 그대 동료가 명백히 아무것도 갖지 못했는데 이와 같은 특권을 받은 그대는 누구인가?
그대는 자신에게 이런 질문을 한 적이 있는가?
그것에 만족할 만한 답을 했는가?
아니 어쩌면 **그대가** 이 모든 일을 했고 소위 이런 축복에 감사할 사람은 그대 자신 말고는 없다고 생각하는가?
정말 그렇다고 생각하는가?
살펴보자.

왜 그대가 이번 삶으로 들어올 때 특정 조건에 둘러싸여 태어났는지 궁금하게 여긴 적이 있는가?

인생 여정을 따라 그대를 둘러싸고 그대로 하여금 직면하게 했던, 그 특정 조건들과 그대가 왜 싸워야 하는지 궁금했던 적이 있는가?

그대의 형제자매, 그리고 심지어 부모조차 너무나 많이 다르지만, 왜 **그대**는 특정 성향, 성질 그리고 마음과 영혼의 능력을 갖추고 태어났는지, 아니면 왜 훨씬 운을 갖추지 못하고 태어났는지 궁금해한 적이 있는가?

그대는 어떤 만족할 만한 결론에 도달했는가?
아니라고?
그러면 들어라!

이 모든 것에 내가 책임이 **있다**. 내가 그 모든 일을 했다. 내가 그대를 그런 조건으로 태어나게 선택했다.
그대가 인생에서 만난 모든 조건은 내가 창조했고, 그대가 그런 조건을 겪어내서 어떤 성질의 체험이든 헤쳐나가게 했다.
그대가 오늘 있는 곳으로 데려온 것은 바로 나였다.

그대 자신은 아무것도 한 것이 없다.
그대가 자기 자신이라고 부르는 그 개성은 내가 내 목적에 맞도록 움직이는 자동인형일 뿐이다.

나!
나는 누구인가?

그토록 대단한 확신과 권위로 말하는 나는 누구인가?

고요해져라. 그리고 알라.

나는 그대이고 그대의 **진아**眞我다.

그대가 글을 읽을 때 스스로 자신을 일깨우고, 배후에서 귀 기울이고 분별해서 이 말의 진실을 그대의 의식에게 지적하고, 그대가 오늘날 알고 있는 모든 진리를 처음부터 안내하고 가르쳐왔던 더 고귀하고 더 순수하고 초월적인 그대의 그 부분이다.

그대가 세상에 내보이고, 그대 자신이라고 **생각하는** 그런 개성이 아니다. 그 모든 세월 동안 그대를 엉터리로 키워왔던 자아의 거만하고 이기적인 가면도 아니다.

나는 그대의 **실재** 자아이고, **알다시피** 고난·장애물·고통·실패 속에서 그대가 이유를 분명히 알지 못해도 어렴풋이 반쯤 의식하는 식으로 진아에 의지하게 될 때까지 그대의 **현실** 모습을 모두 만들었고, 계속해서 영감을 주고 주의시키고 꾸짖고 촉구하고 이끌어왔던, 그대 안에 있는 어떤 존재이기 때문이다.

그렇다, 나는 그런 존재**다**.
나는 그대의 인격 내면 깊숙이 거하며, 인격의 세속적인 관념과 이기적인 욕망, 어리석은 교만과 야심에 의해 거의 질식할 정도지만, 언제나 그대가 내 존재를, 나의 **실재**를 의식하게 하는 것을 추구하고 갈망하고 염원하는 그대의 신성한 **자아**다.

그렇다, 나의 자녀여! 처음부터 여기 내면에 앉아 조용히 이 순간을 기다려온 그 존재가 바로 나다.
그러나 기다리는 동안 그대를 항상 안내하고 있었고, 그대의 마음에 각각의 생각을 집어넣었고, 그대가 하는 모든 일을 하게 했고, 마침내 그대와 타인들로 하여금 결국 나를 의식적으로 알아보도록 이끌기 위해 각각의 생각과 행동에 따른 예상된 귀결을 활용했던 이가 정말로 나였다.

그리고 만약 내가 그대로 하여금 이런 세속적인 생각을 먹이로 하고, 이런 이기적인 욕망을 좇고, 자만심으로 살찌고, 심지어 모든 야망의 절정에 이르도록 허락했다면, 그것은 오직 그대가 이 모든 것의 공허함을 체득할 수 있게, 그대의 **영혼**이 몹시 낳기를 염원하는 뭔가 다른 것이 있다는 깨달음에 눈뜰 수 있게 함이었다.

그렇다, 그대가 과거 언젠가 욕망했던, 너무도 강렬히 욕망해서 내가 그대에게 주지 않고는 **못 배기는** 이 모든 것을 그대에게 줌으로써 나는 그대를 '축복' 했다.
왜냐하면 욕망은 내 의지의 도우미여서, 내 의지가 그대의 요구를 채워줄 정도로 그대가 집요하게 떼쓰며 그것을 원한다면, 그대가 원하는 것이 무엇이든 그대에게 공급하기 때문이다.

하지만 이런 것들이 그대가 생각하고 기대했던 그 축복이 되었는가? 그것들로 실재적 즐거움을 얻었고 이제 그대의 가슴은 평화로운가?

그렇지 않다면 왜?

그것은 오로지 그대의 진아인 내가 제공한다는 사실을 알아보지 못해서, 축복을 신의 일에 전혀 활용하지 않고 순전히 자신의 이기적인 쾌락을 채우는 데 이용해왔기 때문이다.

하지만 나는 그대가 그런 모든 공허한 즐거움을 실컷 탐닉하도록 허락했고, 심지어 그대를 이런저런 즐거움으로 계속 이끌어서, 뭔가 새로운 노리개나 감동, 성취 또는 힘에서 그대가 갈망했던 그 무엇을 발견할 가능성을 그대에게 내보여주었다.
그러나 슬프다!
어쩌면 가장 깊은 후회와 참회의 순간에 그대가 주위에 창조해낸 이 자아의 세상에서 내면의 세계로 방향을 선회해 흐릿하게나마 **그곳에서** 내 현존을 감지했던 때를 빼고는, 그대는 그것을 절대 찾지 못했고 힐끗 보지도 못했다.

아, 소중한 자녀여! 나는 참으로 그대에게 나를 감지할 축복을 주었고, 그것은 **진짜** 축복**이다**. 왜냐하면 그것은 **그대**를 인정한다는 나의 특별한 신호이기 때문이다.

그러나 그 축복은 그대가 기대하는 것은 아니다. 진정한 축복은 이런 부富를 획득하고 이런 욕망을 달성할 때, 내가 그대 속에 계발해두었던 그 자질들, 즉 달성하기 위한 결단력, 목적에 대한 끈기, 행동력, 또 방해되는 모든 타고난 결점과 약점을 마스터하는 능력에 있다.

이 모든 것은 내 의지의 다른 양상일 뿐이며, 그대가 비록 내 의지를 세속적인 방식으로 구현해왔을지라도 내가 영적인 방식으로 그대의 동의 아래 그대 속에 그리고 그대를 통해 내 의지를 나중에 구현해낼 수 있도록 그대를 가르쳐 **활용**하기 위한 자질들이다.

달리 표현하면, 그것이 돈이든 권력이든 명예든, 예술·문학·음악·과학·철학·종교에서의 모든 성취는 단지 내 의지의 **활용**을 위해 단련하는 것일 뿐이다.

따라서 노동·사업·과학·종교·예술 혹은 그 직업들은 단지 내가 그대 속에 내 의지의 **의식적인** 활용을 계발하기 위해 내가 이용하는 사건들, 즉 외적인 수단일 뿐이다.

그렇게 행동하고 있는 것이 **그대의** 의지라고 생각할지도 모르나, 그대가 자신을 나에게서 분리된 것으로 간주하고, 오직 그대 자신만 즐기려고 이 의지를 사용하는 한, 이것은 당연히 아집이기에 그대에게 어떤 지속적이거나 구체적 이익도 가져오지 못하고, 소유해보는 신기함이 차츰 없어지면 오로지 고민·불행·번민만을 가져올 뿐이다.

그래서 당연히 그대는 나를 알 수 없고 따라서 그대가 행하거나 갖거나 겪는 **모든 것**이 내 목적을 이루어내기 위해 그대 속에 그리고 그대를 통해 작동한 **내 의지**가 활동한 결과일 뿐임을 인정할 수도 없다.

그러나 그대가 이런 점을 다소 이해할 때가 오고 있다.
그래서 이 메시지를, 그래서 그대에게 이 특별한 호의를 베푼다.

그대는 '왜 전능자, 절대선, 전지자이며 신인 내가 나의 축복, 나의 물질, 나의 지능, 내 의지의 능력을 그처럼 불평등하게 분배해서 소수 사람에게 막대한 잉여분을 남겨주면서도 다수에게는 그리도 애처로울 정도로 부족하게 주었느냐'고 물을지도 모른다.

그대가 물어봄도 당연한데, 이것이 내가 그대와 모든 사람에게 해결하도록 내주었던 숙제이기 때문이다.

그러나 비록 그대가 이 숙제를 모르더라도, 나는 그대에게 숙제를 부분적으로 풀 능력을 주었기에, 숙제의 일부 명백한 신비를 지금 그대에게 밝히겠다.

부 Ⅱ

나의 자녀여!

나는 누구에게도 스스로 얻어내지 않는 한 어떤 것도 주지 않는다는 점을 알라.

얻어낸다는 뜻은, 그가 마침내 조건과 상황을 굴복시켜서 다른 지성체들이 어떤 것에 형태와 실제성을 부여하는 데 필요한 수단과 질료를 공급하기 위해, 전능하고도 완벽한 내면의 **자아**인 나에게서 충분한 생명력과 활기찬 에너지를 이끌어낼 정도로 강렬한 소망을 통해 그것을 받을 준비가 되었음을 의미한다.

그래서 이번 생이든 이전 생이든, 과거 언젠가 그대는 내가 그대에게 부富를 소유한다는 발상을 불어넣을 수 있는 지점에 도달했었다.

나는 이런 일을 할 수 있었는데, 왜냐하면 그대가 **영혼**의 발달 정도와 능력이 향상되어서, 신의 일에 활용하는 데 필요한 영혼의 자질과 능력 일부를 그대 속에 일깨우고 계발할 때가 왔기 때문이었다.

그래서 나는 그대의 마음에 부나 재물을 소유한다는 발상을 심었다.

이 발상은 시간이 흘러가면서 자연의 일상적인 과정을 따라 세상의 조건이라는 토양 속에 그 뿌리를 내리기 시작했다.

장애물에 낙심하지 않고, 실패를 전혀 알지 못하며, 오로지 성공만을 내다보고 결단력·끈기·과감성·행동·절약이란 뿌리들은 모든 장애물을 뚫고 지나가 땅속 깊숙이 가장 비옥한 토양으로 한 치의 오차도 없이 밀고 들어갔다.

마찬가지로 그와 동시에 그 발상의 싹 하나가 빛을 향해 밀치고 나아가 점차 그대의 정신적이고 물질적인 삶의 표면 위로 그 모습을 드러내기 시작했다.

부富라는 발상의 **줄기**(stock 주식)인 이 새싹이 일단 단단히 뿌리를 내리자마자 빠르게 성장했고, 그것은 곧 튼튼하고 널리 뻗은 나무가 되었다.

이 나무가 오늘날 그대의 삶이 외적으로 구현된 모습이다.
나무의 성질과 종류는 그대의 캐릭터다.
나뭇잎은 그대의 돈이다.
나무의 과일은 돈의 소유가 그대에게 주는 의미다.
만일 뿌리나 줄기나 가지에 썩은 곳과 견실하지 못한 곳이 있다면 그 나무 어딘가에 오류, 고장 또는 병이 있기 때문이며, 이것을 치료하거나 제거하지 않으면 자멸할 것이다.

그대의 나무에 오류나 고장, 병이 있는가?
중심부로 갉아 먹어 들어가는 어떤 벌레라도 있는가?

살펴보자. 정교하게 고안된 '합법적인' 방법과 정치적으로 획득된 법의 보호망을 갖춘 세상 조건들의 표면 토양 아래를 깊숙이 탐색해보자.

강자의 권리에 관련한 인간의 믿음과 의견이 들어있는 이기심의 껍질 아래를 살펴보자.

세상에서 주의 깊게 숨겨진 삶의 어두운 장소들인 틈바구니와 사타구니를 들여다보자.

이 모든 곳을 샅샅이 살펴보고 부패한 곳이 없는지 조사해보자.

그대는 이 모든 부富를 절대적으로 존경할만하고 정의로운 방법으로 획득했는가?

부의 어떤 부분이라도 모진 사업 관행으로 얻은 적은 없는가?

물론 법적인 관점으로는 합법적이지만, 그대의 진아인 나의 관점에서는 아니라면 어떠한가?

일부 부는 친구와 동업자를 기만하고 얻어졌는가?

일부는 그대에게 얹힌 신뢰(부모 덕에)에 편승한 덕택이 아닌가?

일부는 파산처리 후 빚을 감면받은 것이 아닌가?

일부는 더 약한 영혼을 무자비하게 짓밟은 것이 아닌가?

일부는 고의적인 사기에 의한 것이 아닌가?

일부는 그대 내면에서 항의하는 음성을 불러일으키고, 그 음성이 고요하고 고독한 순간이면 언제나 다시 생각나 꾸짖는 것처럼 들리는 어떤 수단에 의한 것이 아닌가?

아, 나의 소중한 자녀여, 그대가 소유한 부富의 어떤 것도 이런 식으로 부정하지 않다고 진실로 말할 수 있는가?

그래, 나는 알고 있고 이해한다.

그리고 소중한 이여, 만일 그대가 괴롭고 후회해서 지금 보상하고자 한다면 그것은 그대가 내 목소리에 귀를 기울였기 때문이고, 그대 삶에서 내가 이끄는 효과를 그대가 인정하고 갈망하기 시작했기 때문이다.

그러나 만일 그대가 부인하며 위의 어느 하나도 그대에게 해당하지 않는다고 큰소리치며 아직도 나의 애정 어린 내면의 목소리에 귀 기울이기를 거부한다면, 소중한 이여, 그대 역시 고통은 피할 수 없겠다.

그대에게 참된 삶의 방법을 지적해주기 위해 언제나 진력하는 내 사랑에 눈떠서 내 목소리를 듣고 아는 법을 체득할 수 있도록, 지금 그대를 좌우하는 교만과 아집과 자기애를 그대의 영혼에서 없애기 위해, 내가 그대를 비통함과 비참함, 슬픔의 삶으로 던져 넣을 것임을 알라.

나는 그대의 형제자매와 많고 많은 사람이 아직 부를 획득한다는 발상을 받아들일 준비되지 않았다고 여긴다.

다른 많은 사람에게는 그 발상이 심어졌고, 그들은 단순히 나의 도우미인 욕망이 활성화하는 힘을 느끼고 있을 뿐이다.

다른 이들은 욕망 때문에 생각하고 힘쓰지 않을 수 없으며, 미래의 성취수단이 보이기 시작한다.

그리고 또 다른 이들은 실질적인 결과를 만들어내고 있다.

하지만 이 모든 이들과 함께 마침내 내가 충분히 그들 내면의 신이자 실재 자아인 나를 구현해내는 것을 가능하게 해줄 영혼의 자질과 정신적인 능력을 계발하기 위해, 나는 단순히 부의 발상, 즉 부를 성취하기 위한 욕망의 원동력을 이용하고 있을 뿐이다.

그들을 통해 내 의지가 천국에서 그러하듯 지상에서도 구현될 수 있도록.

돈과 재산이라는 형태로 부라는 나의 발상이 완전히 결실을 보았고, 신의 일에 쓰일 목적으로 이제 나의 후견인으로서 나와 의식적으로 협력할 능력 있고 준비된, 축복받은 그대여!

그대는 신인 내가 그러한 쓰임새로 그대를 지도하리라는 확신이 설 때, 곧바로 내가 그대 내면에 **있음**을 그대는 의식하게 될 것이다.

그리고 이런 중대한 사실을 배우려 어떤 다른 권위를 찾아 외부로 나갈 필요가 없다는 것을 알라.

왜냐하면 내가 그대를 이끌어 안내하고 있다는 점을 그대로 하여금 **알게** 할 것이고, 내가 그대에게 주었던 **모든 것**의 활용과 분배를 위한 내 계획과 목적을 그대의 의식에게 점차 열어줄 것이기 때문이다.

이미 내면의 내 목소리를 들었고 그대 부의 일부를 교회나 도서관, 과학 연구, 자선, 복지사업, 또는 다른 곳에 기부함으로써 나를 만족하게 하려고 노력하고 있고, 내 목소리가 그런 식으로 달래질 수 있고 그리하여 그대의 가슴 속에 있는 간절한 굶주림이 충족될 수 있다고 생각하는 그대여!

그런 활동은 온통 헛됨을 알라.
왜냐하면 나는 절대로 그런 식으로는 만족할 수 없기 때문이다.
그대가 움켜쥔 부(이는 **모두** 나의 것이요, 그 중 무엇도 그대의 것이 아니다)의 일부만을 내놓고 내 마음을 기쁘게 하려고 애쓸 때 내 목소리는 더욱 집요해질 뿐이다.

나의 자녀여! 왜냐하면 난 이미 그대가 마음에 들기 때문이다.
그대는 내가 지금까지 만들어왔던 그 모습이 아니던가?
그대가 했던 모든 것이 내가 허락했고, 심지어 그대로 하여금 내가 하도록 했던 것이 아니던가?

그리고 내가 그대로 하여금 그런 방법으로 부를 이용해서 나의 비위를 맞추게 했던 것은, 그대 내면에 내 의도가 솟구칠 때를 그대가 알아듣게 할 방법이 단지 그런 식이었기 때문이다.

따라서 내 마음을 기쁘게 하고 싶은 욕망 때문에, 그대는 그대의 자신에게 재산을 이런저런 자선단체나 인류를 돕기 위한 다양한 사업에 기부해달라고 요청하는 많은 사람을 그대에게로 끌어들였다.

그런데도 그대의 사업적 안목으로는 그 기부금이 원래 목적대로 제대로 빈틈없이 사용되지 않을 것임을 알아채서 그대가 응하지 않았을 때, 내가 그대로 하여금 다른 곳에 기부하도록 선택했다.

이처럼 그대는 나에 의해서 디딤돌로서 전자를 거부하도록 인도되었고, 나는 그대를 위해 원래 의도했던 후자를 결과적으로 선택하게 했음을 알라.

그리고 이 모든 것이 내 목적을 성취하기 위한 것이다.

왜냐하면 내가 그대에게 준 이 부富는 특별한 섬김을 위해 비축해 둔 것이고, 적절한 시기에 그대들 모두에게 내가 밝힐 방식으로 그 부를 분배할 내 대리인으로 그대를 선택했을 뿐만 아니라, 내가 원하는 것이 그대의 부가 아닌 바로 **그대**임을 이해할 수 있게 그대의 인간적인 마음을 준비시키고 있기 때문이기도 하다.

그대와 내가 하나임을 알기 바란다.

그대의 **실재** 자아인 내가 이제 주관해야 하며, 아집과 자아 만족은 죽어야 하고, 내 의지와 내 기쁨이 살아서 이제부터 그대에게 **최우선**이자 **전부**가 되어야 함을 알기 바란다.

그러므로 나는 내면에서 그대의 영혼의식에게 내가 직접 말을 걸 수 있도록 그대의 마음을 가르쳐 준비시키고 있으며, 그대가 거기에서 내 존재를 완전히 의식할 수 있게 그대의 가슴을 활성화하고 있다.

 따라서 사랑하는 이여, 만일 내가 **그대**를, 그대의 가슴 · 영혼 · 마음 · 신체인 **전부**를, 즉 그대인 모든 것, 그대가 가진 모든 것, 그대가 언제나 되고자 혹은 가지고자 희망하는 모든 것을 원한다고 말한다면, 그 이유는 나는 나의 것, 즉 내 자아의 유한한 발현인 **그대**를 원하기 때문이다.

 우린 **하나**고 어떤 분리나 차별도 없음을 그대가 알아야 할 때가 왔다.
 분리가 있다는 것은 그대의 생각일 뿐.
 그래서 그대가 지니거나 그대에게 있는 모든 것이 내 것이고 항상 내 것이었고 오로지 내 것이다.
 그리고 지금 나는 내 것의 권리를 주장한다.

 내 것은 나에게로 돌아**와야 한다**.
 내 권리를 그대는 인정**해야 한다**.
 그리고 그대는 **모두**를 반환**해야 한다**.
 동전 한 닢, 그대의 집, 땅, 유가증권, 몸, 지성, 가슴, 능력, 의지, 개성 전부, 즉 소중히 여기는 소유물, 심지어 그대의 가슴이 가장 소중히 여기는 보물까지도 모두.

 왜냐하면 그대가 모든 것을 가져와 내 발아래 두고 "여기 있나이다. 신이시여. **전부** 가져가십시오. 다 갖다 쓰시고 저는 당신만 섬기게 해주십시오. 명령만 내리면 이제부터 제가 따르겠습니다"고 말할 때까지는 안 되기 때문이다.

그대가 자아를 위해 얻으려고 자신을 몰아댔던 욕망만큼 나에게 주려는 강력한 소망으로 진짜 겸손하게 다가와서, 그대 영혼이 나를 섬기고 영혼의 지친 가슴을 내 사랑 속에서 쉬게 하려는 열망에 온통 사로잡혀 다시는 내 사랑을 부정할 수 없게 될 때에야 비로소 그대는 내 나라로 들어갈 수 있다.

오래전 나는 다른 사람들에게 말했다. "밧줄이 바늘귀로 들어가는 것은 부자가 하늘나라에 들어가기보다 쉽다."

이것은 오늘날에도 그대로 적용된다.
왜냐하면 내가 지금 그대를 통해 발현하고 있는 영혼의 자질들을 내가 발현하기에 족하다고 여겨왔던 자는, 그가 자기부정과 자기부인의 좁은 문을 통과할 수 있도록 쉽게 자신을 낮출 수 없고, 너무나 오랫동안 주도해서 지배해왔던 그런 오만한 개성을 줄일 수 없기 때문이다.

그러나 내가 그대에게 이르나니 그대가 내 나라로 들어가고자 한다면 그대는 자신을 낮추고 개성을 줄여야 한다.

"이런 것들이 모두 어리석은 짓이라고, 여기 지상에서는 신의 나라로 들어갈 수 없다"고 그대는 말한다.

비록 그대가 들어갈 수 있다 한들, 조직에서 크고 다양한 이해관계의 책임을 모두 떠안고 가족을 거느린 사람에게 그런 성취가 도대체 무슨 실용적인 가치가 있는지 그대에게 제시되어야 할 것이다.

바로 여기 지상에서 그 나라를 발견해서 그곳으로 들어가는 것이 과연 가능하지 않은지 살펴보자.

부 III

들어라! 그리고 숙고하라.

그대는 여기 지상에서 행복, 평화, 사랑, 삶의 충만함을 구하고 있지 않은가?

세상의 일과 관행 속에서 그것들을 찾아내리라고 생각하는가? 그런 것의 무익함을 체득하지 않았던가?

수많은 형제자매가 빈곤과 비참함에 빠져있는데도 그대가 진실로 부유하고 진실로 행복할 수 있다고 생각하는가?

아니다, 나의 자녀여! 그대가 '소유'라는 이 세상의 모든 환상을 넘어서서 그대의 관점이 비참함과 고통으로 정화될 때까지는, 사랑이 메말라서 생명의 **참된 빵**을 갈구하기까지는,

그리하여 마침내 자아를 잊고 그대의 삶을 인도하는 힘인 나의 의로움으로 형제자매들을 섬겨서 그런 빵을 맛볼 때까지 그대는 절대 참된 행복, 자신의 영혼이 갈구하는 그런 평화, 그런 조화, 그런 사랑을 찾아낼 수 없다.

그러나 그대가 **이런 것들을 발견했을** 때, 그대는 참으로 나의 나라로 들어간 것이다.

최상의 **완벽한** 발현을 염원하고, 삶의 참된 풍요를 갈구하는 그대의 가슴 속 깊숙이 있는 내 현존, 즉 나를 인식하게 하고, 그대가 그 나라를 찾아내는 것을 돕기 위해 이제 내가 그대에게로 다가가고 있다.

이제 그대는 그 참된 풍요를 세상의 모든 돈으로도 살 수 없음을 알고 있다.

그대 내면의 신인 내가 그대에게 쌓인 세속적인 관념·믿음·의견을 모조리 쓸어버려서, 그대 가슴의 내밀한 곳인 내 나라에서 직접 말하고, 그대의 영혼의식에게 직접 말을 걸고 있다.

왜냐하면 내가 그대에게 부여했던 부의 관리인으로서 자격을 주었던(하지만 오로지 다음과 같은 목적을 위해서만) 이런 개성·능력·자질을 갖추고 이 세상과 이번 삶으로 들어온 그대의 신성한 사명과 **실제** 목적을 알아차려야 할 때가 왔기 때문이다.

그리고 그대는 자신에게 부에 대한 이런 욕망을 주었고, 그것을 획득하는 힘을 주었으며, 그것을 달성하려는 그대의 모든 노력에 영감을 주고 촉구하며 안내했고, 마침내 이제는 그것의 **일부**를 신의 일에 쓰려는 소망을 그대에게 주는 내면의 나를 알 때가 왔다.

그대는 어떤 것이 그대의 진아인지 분별하지 못하는가?
그렇다, 그대가 언젠가 알게 될 유일한 신인 그대 내면의 신이며, 그대의 내면뿐만 아니라 지위가 높든 낮든, 부유하든 가난하든, 현명하든 무지하든 모든 형제자매의 내면에도 있는 신의 나라에 거주하면서 역사하는 그 신이고, 그대를 통해 하늘에서처럼 신의 신성한 자질 **모두**를 마침내 신이 발현할 수 있도록 인간의 유한한 몸·마음·지성으로 점차 그대의 인간적인 개성들을 진화시키고 있는 바로 그 신임을 그대는 알지 못하는가?

그래서 내가 장미를 통해 새싹이 돋아나 봉오리를 맺고 마침내 꽃을 피우도록 진화시켜, 내가 나의 완벽한 향기와 아름다움을 일부 보여주듯이, 그대를 통해서도 완벽하게 발현해낼 수 있도록 그대를 진화시키고 펼쳐 보였다.

하지만 나는 그대를 나와 함께할 **의식적인** 일꾼과 발현자로 선택했다.
나는 큰 기쁨과 행복을 슬픔·낙담·불만·비참함의 이 세상에 가져오려는 수단으로 그대를 선택했다.
나는 수천 명의 그대 형제자매의 가슴과 삶에 수많은 축복을 쏟아 부으려는 통로로서 그대를 선택했다.

그러니 나의 자녀여! 나와 함께 일하겠는가?

이런 기쁨과 행복에 한몫해서 그것을 나눠주는데 그대의 진아인 나와 협력자가 되기 위해 그런 통로가 되고 싶지 않은가?

생각해보라! 그것이 무엇을 의미할지 생각해보라!

이것은 가능한가? 정말로 참가자가 될 수 있을까? 그대는 자문한다.

그렇다. 그대가 할 일은, 완벽한 신념과 신뢰로써 내면의 나에게로 방향을 돌리면 내가 그대에게 그 방법을 보여주겠다.
필요한 것은, 그대가 가슴에 머무르면서 모든 생각·말·행동에 영감을 주고, 다시는 아집과 이기심에 귀 기울이지 않으며, 오직 고차적 자아인 나에게만 귀 기울이며 나를 **의식하는** 일뿐이다.
만일 그대가 충실하게 내 설명을 따르기만 한다면 내가 그대 속에 예비해둔 훌륭한 비전을 열어주고 내 계획에 관해 말해줄 것이기 때문이다.

아, 나의 자녀여! 만일 그대가 하고자만 한다면!
그대가 가슴 속에서 솟구치는 이런 갈망에 순응해서 준비된 그 영광을 알 수만 있다면!

그때는 참으로 그대는 바로 여기 지상에서 천국에 있게 되리라. 그리고 천국의 기쁨·평화·휴식이 그대의 것이 될 것이며, 심지어 지금 지상천국을 생각만 해도 바로 그대의 영혼이 아마 그 열망으로 한계를 거의 무너뜨릴 것이다.

그때는 내 사랑의 태양이 그대의 가슴에서 끊임없이 비추며 언제나 그대를 빛나게 하고 축복하리니 삶은 지속적인 기쁨의 노래가 될 것이다.

그러면 우리는 매일 우리의 사업이나 임무가 무엇이든 즐겁게 시작할 것이고, 그대는 나로 하여금 이끌게 내맡기며 내 모든 말을 받들고, 절대적으로 내 지혜와 판단에 의지하고 신뢰하며, 어떤 일에 착수하든 우리가 하는 일이 항상 딱 **들어맞는** 일이 될 것이요, 우리가 하는 모든 일이 **성공**을 가져오게 될 것임을 **알 것이다**.

그와 같은 협력관계를 형성하는 것이 어떤가, 나의 자녀여?

사업이나 투자에 대해 걱정하고, 최대의 수익을 내기 위해 잉여금이나 수입, 이윤으로 뭘 할까 걱정하면서 시간의 대부분 보내거나, 또한 친구나 지인들이 접근해서 그대의 관심을 끌어들이려고 기를 쓰는 그 의도가 어떤 괜찮은 계획인지, 아니면 분별없는 투기인지, 아니면 그대에게서 돈을 빼내가려고 교묘하게 고안한 계획인지 늘 두려워하며 시간 대부분을 보내는 것보다 나와 협력관계를 형성하는 것이 더 낫지 않겠는가?

그렇다, 만일 그대가 나와 협력해서 나를 선임 파트너로 삼아 모든 책임을 나에게 돌리기만 한다면, 참으로 그대는 이 모든 짐을 덜게 되리라.

그리고 그대에게 단 한 순간도 마음의 평화를 허락지 않는 근심·부담·의심보다, 완전히 남들을 행복하게 하는데 전념했기에 모든 근심이 영원히 사라지고, 행복한 나날이 계속되어 영혼을 만족하게 하는 체험으로 가득 넘치는 것을 발견하게 될 것이다.

부 IV

그리고 나의 자녀여! 지금 그대는 뭐라 말하는가?
그대는 그것에 대해 뭘 할 건가?

나는 그대에게 '자신이 누구이며 무엇인지' 보여주었다.
그대는 아무도 아니다.
나는 **존재**하나 그대는 **아니다**.
그대란 존재는 그대를 통해 나의 신성한 자질 중 일부를 지상에 구현하기 위해서, 그리고 수많은 여타 완벽하지 못한 발현들의 가슴에 기쁨과 평화와 선의善意를 가져다주기 위해서 출현한 나의 유한한 발현 중의 하나일 따름이다.

나는 이 모든 것을 그대에게 보여주었다.
그대는 이것을 믿지 않을지도 모르지만, 그래도 아무런 차이가 없다.
그대의 선택에 따라 믿거나 말거나 할 수 있지만, 그대가 뭘 선택하든 선택하는 자는 정말로 나이지 그대가 아님을 알라.
그리고 그대가 믿지 못하겠다면 아직 그대로 하여금 이런 믿음을 받아들이도록 내가 준비되지 않았기 때문일 뿐이다.
왜냐하면 그대가 내 뜻을 진실로 이해하려면, 아직도 수많은 환멸감·실망·비통·고통을 겪어내야 할 것이기 때문이다.

하지만 잊지 마라. 나의 자녀여! 내가 여기서 하는 말은 내가 그대의 가슴에 심고 있는 씨앗이며, 그것은 싹틀 것이고, 그대가 이해하도록 그 진리가 명백히 드러날 때가 올 것이다.

그때 그대는 내가 그대 속에 **있고**, 내가 **그대며**, 나인 그대의 **진아**가 주관해야 하고 또 주관할 것임을, 그리고 내가 여기서 말해왔던 모든 것이 그대 삶에 실제 구현되어 꽃피운다는 것을 알게 될 것이다.

이점을 이해한 그대에게 그대의 가슴은 나와 완전히 협력하도록 촉구한다. 사랑하는 그대여! 내가 여기서 약속하건대 그대는 곧 대기하고 있는 천국의 기쁨에 참여하게 될 것이다.

그동안 그대 앞에 놓인 일이 있다. 그대는 **고요해져야** 하고 **내가** 그대 **내면의 신임을 아는** 법을 체득해야 한다.
그대는 이것과 나의 다른 계시들을 연구하고 명상해야 한다.
그대는 신인 내가 존재하는 모든 것이고, 내가 모든 것을 주었으며, 모든 것을 앗아갈 수 있음을 깨달아야 한다.

그대는 이 진리에 그대 자신을 길들여서 신의 일에 **활용**될 수 있도록 나에게 모든 것을 돌려줄 준비를 해야 한다.

하지만 소중한 자녀여, 나에게 모든 것을 내맡길 때 두려워 마

라. 신인 나는 어떤 외부의 사람도 아니요, 그대의 유일한 실재 자아, 그대 자신의 참되고 훌륭하고 완벽한 **자아**다.

나는 그대에게 다른 누구도 아닌 바로 나, 즉 그대의 **진아**에게 내맡기라고 요구하고, 그때에만 나는 그대를 그 **쓰임새**로 그대를 지도하고 안내할 수 있다.

자아를 위해 잡지 말고, 이제 나를 위해 잡으라. 그대의 즐거움을 추구하지 말고, 이제 그대는 오로지 나의 기쁨을 추구하라.

이제부터 그대는 내 안에 거하고, 내 말이 그대에게 거하게 할 것이요, 그대가 이렇게 할 수 있는 바로 그만치 그대의 의지를 요청할 수 있고, 또 그것이 이루어지리라.

고요해져라! 그리고 **내가 신임을 알라.**

내가 그대를 통해 구현해냈던 그 부에 대한 멋진 용도, 내가 지금껏 인간에게 보여주었던 어떤 것과도 다른 용도를 그대를 위해 비축해두고 있음을 알라.

그대가 그와 같은 용도로 나와 협력할 수 있도록 나는 오랫동안 그대를 준비시켜왔다.

그대가 내면의 내 현존을 깨닫도록 활성화되었듯이, 인간이자 그대의 형제자매들인 수천 수십만 명의 사람들이 활성화되는 것을 목격하면 어떨까?

   그대와 그들의 자질과 능력을 인간적인 마음이 지금 고안해낼 수 없는 그런 높이까지 끌어올리고, 그대는 나와 함께 그것들의 활용법을 그들에게 안내하고 지도해서 그대에게 있는 것과 비슷한 의식으로 그들이 일깨워지는 것을 목격하는 것은 어떨까?

   빈털터리, 실패자, 낙심한 자, 불만족한 자, 약자, 병자 모두가 **신**인 나에게 있는 **모든 것**, 즉 그들의 신성한 유산이 그들의 것이요, 알고 **싶고** 보여주기를 **요청**하는 각자에게 모두 그것을 성취하는 **방법**이 제시될 수 있다는 앎에 눈뜨는 것을 목격하면 어떨까?

   나의 완벽한 삶이 발현될 수 있도록, 각자가 한정된 이기적 생각·믿음·의견을 간직한 자신의 개성을 제거하고자 힘쓰고, 모든 사람이 똑같이 내 최상의 자질들과 힘들을 발현해내는 공동체의 세상에 산다면 어떨까?

   그것이 아름다운 세상이 아닐까? 진정한 **천국**이 아닐까?

   소중한 자녀여, 이것은 구현되고 있다.
   그와 반대되는 겉모습이 나타남에도 그것은 다가오고 있다.
   이런 **천국**은 이미 다수에게 실현되었다.
   나의 힘이 지금 그대를 소생시키는 것처럼, 그 힘은 내면에서 구현되기 전에 먼저 외부에서 와야 하고, 활성화하는 나의 힘이 그들을 소생시킴에 따라 **천국**은 곧 더욱 많은 사람에게 실현되고 있고, 나중에는 모든 이에게 실현될 것이다.

사랑하는 이여, 그대가 천국의 도래를 서두르고자 한다면 나는 이로써 그대에게 그 특권을 부여한다.

만일 수많은 그대의 형제자매가 그 위대한 자각에 이를 수 있게, 나의 **신성한** 자질들과 힘들을 소유할 수 있도록 그대가 돕고자 한다면, 내면의 나에게 방향을 돌려 진지하게 나의 목적을 **알려고** 노력하라. 축복받은 이여, 내가 그 모든 것을 밝힐 때까지 쉼 없이 기도하라.

청하라! 그러면 받게 **될 것이며**,
구하라! 그러면 찾게 **될 것이고**,
두드려라! 그러면 열리게 **될 것이다**.

교 사
THE TEACHER

교사 I

그리스도의 부름을 들었고 인류를 섬기는 일에 그대 자신과 그대의 삶을 바쳤던 그대여!

그대가 받았던 영적 축복을 주위에 나눠주려는 신성한 충동을 느꼈던 그대여!

주린 배를 채우러 그대에게 다가왔던 그 영혼에게서 교사와 리더의 위치를 떠맡았던 그대여!

그대에게 주는 나의 특별한 메시지를 들어라.

사랑하는 이여, 그대는 내가 선택한 대리인이다. 내가 세상에 많은 축복을 쏟아 부을 통로가 되도록 그대를 선택했다.

그렇다, 내가 그대를 따로 불러서, 수백만 명의 **영혼들이** 이번 삶에서 여기에 존재하는 진정한 목적의식을 일깨워줄, 그 접촉을 기다리며 잠들어 있는, 그 영혼들에게 해야 할 막대한 과업을 그대에게 가리켜주었다.

나는 그대로 하여금 이 일에서 도울 수 있는 부분을 보여주었고,

내가 그대에게로 데려와 그대로 하여금 도움을 주게 했던 사람들이 표한 감사로 그대가 진정으로 돕고 있음을 입증했다.

그렇다, 그대는 자신의 일이 헛되지 않음을 느끼며, 비록 그 길이 어둡고 불확실하며 계속해나갈 수단과 능력을 드러내 보여주지 않더라도, 만일 그대 자신이 세웠던 그 취지에 한결같이 충실하다고 판명된다면, 내면의 뭔가가 모든 것이 적절한 시기에 돌봐지리라고 일러주어 그대가 길을 계속 가도록 독려한다.

비록 이것이 전에는 그대의 유한한 의식에게 분명한 모습으로 나타나지 않았을지라도, 나는 이 모든 것을 그대에게 일깨워준다. 이것을 지적하는 이유는 내가 이제 말해야 할 것을 그대가 받아들일 수 있도록 그대를 준비시키기 위함이다.

왜냐하면 나는 지금 이 모든 것에 명확한 계획과 목적이 있음을, 그리고 그것을 달성하는데 그대가 나와 함께 의식적인 협력자가 될 때가 왔음을 그대가 알기를 소망하기 때문이다.

만일 이 말들이 그대 가슴에 실제로 파문을 일으켜 내가 여기서 주게 될 가르침을 이제부터 그대가 진지하게 진력해서 지킨다고 한다면, 그래서 내 계획에서 그대의 참된 자리와 내 목적에 대한 이해가 드러날 때에야 비로소 그대는 자신의 영적 삶에서 핵심에 도달한 것이다.

나!

나는 누구인가?

그토록 대단한 권위를 가지고 말하며 모두를 아우르는 이런 주장을 하는 나는 누구인가?

그대에게 지시하고 오로지 신만이 줄 수 있는 보상을 약속할 수 있는 나는 누구인가?

들어라!

나는 그대다.
그대 자신의 **진아**다!
나는 그대의 진아요, 그대가 들었던 부름의 주인공인 그리스도의 영이다.
나는 그대의 고차적 자아요, 그런 충동을 느끼게 한 활성자다.
나는 그대의 신성한 자아요, 그대가 받았던 모든 축복을 주는 자다.
나는 그대 내면의 **신**이다.
아니, 그대 몸속 어딘가에 거주하는 분리된 영이 아니다.
나는 **그대**며, 그대의 바로 그 **자기**다!
그렇디, 신인 나는 **그대**며 그대의 **실재** 자아며 그대의 몸·마음·영혼·의식·의지다.

신이자 그대의 실재 자아인 나는 이런 살아있는 진리를 여기서 말한다.

그리고 말하는 자가 신임을 그대가 아는 방법은?

만약 이 말들이 그대 속에 어떤 반응이라도 일으킨다면 그것은 그대의 실재 자아인 내가 반응해서 그 속에 숨겨진 내 의미를 모두 이해할 수 있게 그대의 관심을 요구하기 때문이다.

그러나 만일 그대의 내면이 어떤 반응도 없다면, 그래서 그대의 인간적인 지성이 그대에게 "이것은 그대의 관심을 다른 교사들의 관념에 두려는 또 다른 시도에 불과하며, 그대에겐 자신만의 철학이 있기에 다른 이의 어떤 가르침도 필요 없다"고 말한다면 그것도 타당하다.

하지만 그렇게 선택하는 것은 그대가 아니라 그대를 대신해 선택해주는, 완전히 현명하고 완전히 사랑하는 그대의 자기인 나임을 알라.

왜냐하면 나에게는 그대를 위한 다른 생각이 있으며, 그대의 인간적인 마음과 **영혼**의식이 그것을 받을 수 있을 정도로 충분히 준비된 적절한 때에 그대를 내 목적과 내 계획상 그대의 역할을 이해시킬 것이기 때문이다.

하지만 만일 그대 내면에 희미하고 이해하기 어려운 어떤 목소리가, 어쩌면 이 속에 가치 있는 뭔가가 있을 수도 있으니 그대에게 계속 읽으라고 말한다면, 비록 그대가 내 계획상 그대의 역할을 이미 알고 있고, 내 목적을 지금 이행하고 있다는 생각이 들지라도 거부하지 마라.

왜냐하면 그것은 인간적인 의식에 있는 소란을 넘어 들려주고자 애쓰고, 만일 그대가 진실로 신의 말을 알고 싶다면 마음을 열어 (내가 여기서 약속하건대) 헤아릴 수 없이 풍요롭게 나타날 진리의 말을 신중히 귀담아들으라고 그대에게 부드럽게 촉구하는 내 목소리이기 때문이다.

그러나 다음 내용의 의미를 완전히 이해하기 위해서 여기서 말하는 '나'가 그대의 실재 자아, 고차적 자아라고 상상해보아라.

비록 그대가 아직 그것을 믿지 못하더라도 당분간 그것이 그대의 고차적 자아라고 받아들여서, 그대가 마치 타인에게 말하듯이 자신의 유한한 마음에게 말하는 그대가 있다는 의식에 도달하고자 노력하라.

만일 그대가 글을 읽으면서 이 의식을 끈질기게 유지한다면 매우 많은 것이 영적 축복의 방식으로 더해질 것이며, 그리고 이 메시지가 그대의 삶에 다가온 점에 대한 고마움으로 신을 찬양하는 노래를 부를 것이다.

교사 II

나를 구하고 있으나, 그대를 북돋아 영감을 주어서 계속해서 더 좁지만, 더 밝은 길로 이끌어 그대가 만나는 모든 빈궁한 사람에게 도움의 손길을 뻗치도록 그대를 종용해왔던 파악하기 어려운 어떤 존재를 감지했지만, 아직 나를 발견하지 못한 내 사랑하는 자식인 그대여!

그대의 가슴 속에 그리스도의 사랑으로 나를 의식해 그 사랑의 메시지를 널리 펴서 그것을 받을 준비가 된 듯이 보이는 모든 가슴에게 그 사랑을 심고자 애쓰는 그대여!

내 영적 삶의 실상과 외부 감각들을 자극하는 모든 것의 환상을 당분간 꿰뚫어 볼 수 있도록 그대의 마음을 밝게 해주면서 자나깨나 진리로서 환하게 비추는 빛의 광휘나 비전vision으로 내가 다가갔던 그대여!

이런 그대는 지금 이 진리를 다른 사람들에게 가르치고자 하고 있다.

그대 내면에 거하는 생명으로서 나를 의식하게 되었고, 그것이 그대에게 힘으로 구현되어 내 생명을 그대의 몸에 활기찬 건강으로 내보일 뿐만 아니라, 다른 이에게도 이 생명력을 전하여 그들을 활기있고 강건하게 해서 치유하며, 그래서 그들이 자신의 몸 안에 있는 내 생명을 의식하도록 인도하는 그대여!

내가 조금 더 이끌어서 내 존재의 일부 법칙을 활용하는 법을 가르쳤고, 그리하여 이제 그대가 자신을 신비술사occultist라고 부르며 자아의 이러한 힘들을 완전히 마스터하고자 탐구하고 있을 정도로 외관상 그대를 그대의 동료보다 돋보이게 하는 어떤 내적인 능력과 힘을 활성화했던 그대여!

그렇다, 그대의 신성한 자아이자 그대 내면의 신인 나를 의식하고 있고, 나의 사랑·지혜·힘을 나에게서 자유로이 끌어당기며, 이 중대한 진리를 가르치고 있고, 그대를 빛의 일꾼으로 환호하여 맞이하는 수많은 추종자를 그대에게로 끌어들이고 있는 나의 축복받은 자인 그대여!

나의 **초인격적 삶**의 메시지를 가져다주는 그대들 모두에게.
'초인격적'이라는 개념이 그대에게는 생소하지 않을 수 있다.
그대는 그것에 관해 숙고해봤을 수도 있고 그런 삶을 살기 위해 얼마간 노력했을 수도 있다.
심지어 추종자들에게 그것을 가르쳤을 수도 있으나 아직 그대는 그것의 진정한 의미를 이해하지 못했을 것이다.

다른 사람들에게 교사와 리더로서 그것을 모른다는 구실을 더는 댈 수 없도록, 그대가 그 뜻을 의식하게 하는 것이 지금 내 목적이다.

이제부터는 **내면**에서 나의 초인격적 삶이 그대 속에서 그대를 통해 구현돼야 하리라.

그대의 진아인 나는 이제부터는 그보다 못한 어떤 것으로도 만족하지 못할 것이므로.

그러니 내가 지금 말하는 모든 것을 주의 깊게 따르고, 나의 **진정한** 뜻, 즉 그런 충동이 온다면 그것을 그냥 지나치거나 무시하기 전에 그것이 **그대**에게 개인적으로 생생하게 적용되는 의미를 알고자 진지하게 추구하라.

나는 우선 몇 가지 질문을 하겠다.

이런 질문들을 할 때, 나는 질문이 곧장 그대의 **영혼**의식으로 향하게 한다.

불가피하게 그것은 그대의 유한한 마음을 통과해야 할 것이다.

그대의 유한한 마음은 유한한 자아 혹은 인격 일부일 뿐이므로, 그대가 그 유한한 마음의 관행을 파악하여 이 자아를 그대가 상상한 대로가 아니라, 있는 그대로 보는 것이 우선 필요하다.

그대의 개성이 이런 질문들에 겉으론 화내지 않더라도 아픈 척하고, 반항하고 부인하며, 심지어 성질까지 낸다는 것을 알아채라.

왜냐하면 만일 그대의 개성에 자기만족, 독선, 영적 교만, 권력과 직위에 대한 애착, 지혜와 선에 대한 집착 등 이런 자질들 어느 하나라도 여전히 존재한다면 나는 바로 이 자질의 중심을 향해 곧장 빠르게 엄밀히 살펴볼 것이기 때문이다.

그러나 아파하고 반항하고 화를 내는 것은 그대가 아님을 잊지 마라.

그것은 단지 그대의 개성일 뿐이다.

왜냐하면 그대는 진정한 나, 즉 진아이기 때문이다.

내가 이런 질문들을 해서 그대에게 있는 이런 자질들의 정체를 폭로하면, 나의 **완벽한 초인격적 삶**의 발현에 방해되는 모든 것은 이제부터 그대의 삶에 어떤 자리도 잡을 수 없게 된다고 단언한다.

이 질문들을 읽다가 그대의 마음을 찾아오는 생각과 느낌을 주의 깊게 살피고 연구한다면, 어쩌면 그대는 절대 드러나지 않는다고 생각했던 그대 본성의 한 측면을 발견하게 될 것이다.

하지만 이 메시지의 특별한 사명은, 아직 그대의 진아인 나의 통제 아래로 들어오지 않은 그런 측면을, 그래서 인간성의 모든 측면을 그대가 완전히 인식하게 하는 것이다.

이것이 **내면**의 가르침이고, 교사로서 그대의 고차적 자아인 나와 더불어 그대가 해야 할 것으로 부름 받은 **내면** 작업이다.

만일 그대의 **영혼**이 반응을 보이고, 내가 말하는 무엇이든 두려움 없이 기꺼이 수락해서 그것을 진정한 겸손과 영혼의 이해로 받아들인다면 큰 영적 기쁨이 그대를 기다리고 있으며 많은 축복이 뒤따를 것임을 알아두라.

하지만 그대의 개성이 여전히, 여기서 말하고 있는 '나'가 자신을 신성하게 타고났다고 사칭해서 제멋대로 부당하게 그대의 개인사에 끼어드는 단순한 어떤 인물에 지나지 않다며, '그 누구의 일도 아닌 너만의 일이니 너는 진아뿐만 아니라 너 자신에게조차 그 질문에 답할 필요가 없다'고 주장해도 괜찮다.

그대의 개성이 단순히 인간적인 마음으로 이렇게 그대를 설득한다 해도 그 역시 괜찮다.

그러면 나는 무엇인가 다르고 훨씬 더 힘든 방식으로 그대를 가르칠 수밖에 없다.

그럼에도 이것은 모두 맞다.

이 질문들은 누구의 일도 아닌 오로지 그대의 일일 뿐이다.

그러나 그대 내면의 신이요, 그대의 진아인 나만이 이런 질문을 한다는 점을 잊지 마라.

그리고 내가 질문을 하는 이유는 오로지 그대가 자신의 자아에 직면해, 그것의 교묘한 영향력을 인식하지 못해서 그대 속에서, 그대를 통해서 완벽하게 나의 초인격적 삶을 발현하는 것을 방해하고 있는(아직도 존재하는) 인간적인 약점·결함·오해가 있는 이런 모든 개성을 그대가 분명히 목격할 수 있게 하기 위해서다.

그리고 내가 먼저 그 환상의 비실재성을 명확하게 폭로한 후에도 여전히 그대의 멘탈계에 잠복해 있는 개성의 모든 환상의 가면을 벗겨버린다면, 이것은 다만 개성의 환상이 다시 나타날 때 그대가 즉시 알아보고 그대의 삶으로 들어오는 것을 거부하게 하려는 것이다.

어쩌면 그대의 개성은 글을 읽을 때 이것 중 어느 것도 그대에게 해당하지 않으니, 이런 가르침이 그대에겐 필요 없다고 말하고 있을 수도 있다.

그렇게 생각하는가?
그러면 각각의 질문을 읽은 후 영혼 탐구 분석으로 주의 깊게 그대의 느낌을 살펴보고 다음의 질문에 그대의 진아인 나에게 답해보라.

나의 자녀여! 그대가 인류를 위해 하고 있다고 주장하는 이 일에서 자신의 이익을 도모하는 자아라는 것이 없다고 확신하는가?

그대의 문하생과 추종자들이 그대를 통해 얻고 있는 도움에 그대가 개인적으로 공을 차지하고 있지 않다고 확신하는가?

그들이 그대에게 갖는 존경하고 경외하는 대도를 은근히 즐기고 자부심을 느끼고 있지 않다고 정말 확신하는가?

그대가 전하고 있는 이런 가르침이 신성한 자아인 나에게서 직접 나온다고 확신하는가?

아니면 그것은 단지 다른 교사들에게서 긁어모은 생각들인 그대의 개인적 견해일 뿐인가?

내가 그대에게 하라고 주었던 이 일에 그대의 개성을 교묘하게 끼워 넣음으로써 오염시키고, 유일한 참된 교사인 그들 내면에 있는 나에게로 관심을 돌리기보다는 교사인 그대에게로 더 많은 관심을 끌고 있는가?

다른 교사와 리더가 누구이든 간에 그들에 관해 질문받고 말할 때, 그대는 오로지 사랑이 깃든 도움이 되는 생각으로 오로지 그리스도의 말을 한다고 진실로 말할 수 있는가?

다른 교사와 리더를 만날 때 그대는 조금도 그들의 이목을 끌려 하지 않는가? 또 그대의 개성이나 능력으로 그들을 앞지르려 하거나 그들에게 좋은 인상을 주려고 욕망하지 않는가?

그대보다 신에 대한 깨달음이 높은 존재를 만날 때, 그대는 그 영혼에게 선망과 질투 없이 오직 형제애를 나누는가?

그대의 제자 중 한 명이 그대의 도움으로 내면의 내 존재를 깨닫고 나의 힘에 대한 더 높은 의식에 그대보다 빠르게 도달할 때,

그대는 진심에서 큰 기쁨으로 축하하고, 그런 존재에 대한 신의 은총을 찬양하는가?

사랑하는 이여, 내가 그 모든 일을 하고 있고 책임을 진다는 의식에만 의지하여 결과에 대해서는 전혀 개의치 않고, 보상이라는 기대 없이 그대는 모든 일을 하고 있다고 확신하는가?

그대는 진실로 그대와 자신의 개성이 하나이며, 아무런 차이가 없음을 깨닫고 있는가? 또 그대만의 자아를 완전히 이해해서 그대가 신이자 그대의 신성한 자아인 나와 같음을 알고 있는가?

그대가 이런 고차적 진리를 가르칠 때 그대는 자신의 영혼 안에서 모든 것이 하나임을 인정하는가?
신인 내가 존재하는 모든 것이고, 존재하는 모든 것이 **그대**며, 내가 그대의 실재 자아이고, 어떤 분리도 없으며, 그대가 하는 모든 것을 신이 하고, 그대는 신과 하나이며, 신의 모든 능력이 그대의 능력임을 인정하는가?

나의 자녀여! 그대가 가르치고 있는 모든 것이 자기 자신의 **모습**이며, 그대가 남들에게 설파하는 대로 모두 자신이 행하고, 구현하고, **살고** 있다고 그대는 확신하는가?

만일 이 모든 질문에 그대의 고차적 자아인 나에게 진실로 만족스럽게 답할 수 있다면, 이 메시지는 그대를 위한 것이 아니니 이제는 읽을 필요도 없다.

그대는 내가 말하고자 하는 모든 것을 이미 알기 때문이다.

그러나 확신이 들지 않고 그대의 개성이 여전히 삶에서 어느 정도 지배적인 요소라는 것을 깨닫는다면 계속 읽는 것이 현명할 것이다. 이제 나는 내 메시지의 가장 중요한 부분으로 갈 것이기 때문이다.

교사 III

아, 내 사랑하는 이여, 내가 어떻게 그대에게 말을 해야 할까? 그대의 개성이 그대 주변에 구축해둔 벽, 즉 남을 통해 언급되어 그대의 영혼의식에 도달하는 진리의 말을 종종 방해하는 무의식적인 독선·자만, 영적인 교만·고립이라는 벽을 내가 어떻게 뚫고 통과할 수 있을까?

심지어 지금도 그대의 인간적인 의식에 쇄도하여 분노와 반감을 일으키며, 그대가 내 뜻의 깊은 의미를 파악할 수 없게 하는 그 감정을 내가 어떻게 비켜갈 수 있을까?

만일 이와 같은 감정이 그대의 가슴에 명백히 있어서 그대의 개성이 여전히 심하게 본색을 드러낸다면, 그 감정이 그대를 마구 휘두를 수 있음을 그대는 알지 못하는가?

어떤 출처에서 나오든 위의 질문이 그대를 자애롭게 도와주려는 의도라고 공감해서 이해할 수 있을 때에야, 그리고 어떤 반감이나 적대감이 일어나더라도 그대가 그것과 그것의 출처를 즉시 알아보고, 그대에게 여전히 존재하는 결점을 이런 식으로 지적해준 나에 대한 사랑과 감사로 그것을 변형시키기 시작할 수 있을 때에야, 비로소 그대는 그리스도의 가르침이 흐를 수 있는 순수하고 참된 채널이 될 수 있음을 그대는 이해할 수 없는가?

누군가 자신의 자아를 남들에게 교사로서 설정해두고, 그들과 신 사이의 중개자 역할을 맡아 그들에게 신의 의지와 뜻을 해석해 주는 척한다면, 신이 인간의 마음과 육신을 통해 어떤 방해도 받지 않고 신이 말하고 활동할 수 있도록 신의 의식과 사랑에 전적으로 의거하지 않는 한, 그가 자신의 자아에게 커다란 책임을 짊어지게 함을 보지 못하는가?

그리고 이 말들을 쓴 이유는, 만약 그대가 방법을 알기라도 했다면 모든 가능한 방법으로 신의 의지를 따르고 신을 섬길 수 있도록, 진솔하고 참된 신의 탐구자, 즉 신 안에 거하고 신의 의식이 자신의 가슴 속에 거하게 하려고 진지하게 노력하는 자, 신의 의지를 알기만을 열망하는 자에게, 내가 바로 내면의 진아인 **신**임을 분명히 알 수 있게 하기 위한 것이다.

나를 알고, 나의 추종자며, 내 가르침을 전한다고 자칭하면서 속죄at-one-ment의 방법을 가르치고 설교하는 사람들이 많다.
그러나 남들에게 겉보기에는 그렇지만 그들의 내면 깊숙한 생각은 자신의 개성으로 실로 뒤죽박죽이어서, 개성에 의해 온통 영향 받고 지배되어 그들이 비록 내가 그들을 이끌고 그들을 통해 말하고 있다고 공언할지라도 그들은 나를 알지 못한다.
이 말이 의도된 것도 바로 이런 이를 위함이다.

내가 이런 이들을 통해 말하고 있는 것은 사실이나 그들이 이해한 식으로는 아니다.

왜냐하면 그들은 비록 때때로 자신의 입을 통해 흐르는 뛰어난 생각과 이 생각이 남들에게 주는 도움에 대해 개인적으로 자신을 대견하게 여길지라도, 언제 내가 말하고, 언제 자신의 개성이 말하는지 분별하지 못하기 때문이다.

만일 진실로 나를 안다면 그들은 어떤 교만도 없을 것이고, 자신에 대한 어떤 공적이나 생각도 취하지 않을 것이며, 이 모든 것을 하는 나를 의식해 겸손해질 것이고, 나와 나의 초인격적 사랑이 삶의 모든 세세한 일을 다스리게 할 것이기 때문이다.

하지만 나는 그런 교만한 개성을 통해서도, 심지어 거짓된 교리를 일삼는 위선자와 교사를 통해서도 말하고, 나와 의식적으로 하나가 되도록 이끄는 데 필요한 영혼의 탐구자에게 진리의 글귀를 가져다주기 위해 모든 통로를 활용한다.

왜냐하면 진리란 항상 사탕발림만은 아니며, 종종 달고 순수한 맛을 음미하기 위해서는 쓴맛을 보는 것이 필요하기 때문임을 명심하라.

그대는 죄, 실수, 기만, 거짓된 친구, **엉터리 가르침**을 통해 배우고 성장한다는 것을 알지 못하는가?

주로 이런 식으로 나는 가르친다. 그대가 거짓에서 진실을, 환상의 오류에서 삶의 실상을 구별하는 법을 체득할 수 있도록, 나는 이 모든 것을 통해 그대를 이끈다.

그처럼 배움과 익힘이 수반하는 괴로움과 고통은 실상 그대 가슴 속의 내 사랑의 불꽃으로, 나의 초인격적 삶이 자유롭고 완전히 구현될 수 있도록, 개성에 의해 심어지고 양육된 육신의 정욕, 생각의 오류, 이기심, 교만, 자기 본위를 태워버린다.

그리고 이 개성이란 것이 무엇인가?
그것은 그대가 인간적인 마음으로 자신이 존재한다고 상상하는 바로 그것이다.

이것은 아주 오래전에 그대가 낳았던 것으로, 마치 그것이 실재인 것처럼 그 모든 세월 동안 양육하며 부양하고, 사랑하며 싸우고, 신뢰했고 뒤좇고 믿었던 창조물이다.

즉 이것은 원죄 이후 에덴동산에서 그대가 나에게서 의식이 분리된 후에, 그대가 나에게서 분리되고 선악과를 먹었다는 이유로 신인 내가 그대에게 불만족해서 그대를 끊임없이 벌해왔다는 관념으로 살찌고 양육되어왔던 그대 가슴의 아이이며, 인간적인 마음의 창조물이고, 생각의 탄생이다.

내가 만일 이 상상의 아이를 그대가 사랑하고 신뢰하며, 뒤좇고 따르게 해서, 이제 그대의 의식에서 완전히 성장해 너무나 강한 힘으로 자신의 부모를 혹독하게 지배하고 통치하도록 허용했다면, 그 이유는 오로지 아이가 그대를 몰고 간 과실과 오류를 통해, 그리고 이런 점의 귀결인 고통을 통해 아이가 비실재의 실상이고, 그대의 마음을 제외하면 어떤 실존도 없다는 사실을 그대에게 일깨워주기 위함이다.

  그것에게 있는 유일한 생명과 힘은, 그대가 개성이요 나에게서 분리되어 떨어져 있다는 그대의 끊임없는 생각에서 비롯된다는 사실뿐이다.

  그리고 만일 그대에게 개성이 실재가 아니라는 느낌이 어렴풋하게 들었고, 이제 그대가 내면의 나에게로 향해 그것이 지배하는 속박에서 해방되기를 추구한다면,

  그대와 그대 내면의 신인 내가 하나며, 분리란 존재하지 않고, **나**인 모든 것이 그대며, 나에게 있는 모든 것이 그대의 것이고, 모든 능력이 천국과 지상에서 그대에게 주어졌으며,

  그래서 나와 그대가 마스터임이 틀림없고, 그대의 개성이란 그대가 나의 초인격적 삶을 완전히 담아내고 발현할 수 있을 정도로 충분히 의식적으로 강해질 때까지, 그대의 마음과 몸을 계발하기 위해 내가 그대의 인간적인 의식에 태어나도록 허용한, 유한한 생각의 한 양상일 뿐이라는 점을 그대가 완전히 의식할 때까지 절대로 속박에서 벗어날 수 없음을 알라.

  그대는 마스터고, 틀림없이 그대 자신의 절대적인 마스터다.

  그러나 그대가 자신을 알고, 자기 개성의 모든 양상을 알고, 자신의 모든 장단점을 알고, 그대의 육체적·정신적·영적인 모든 능력을 알고, 모든 인간적인 결함·경향·한계를 알 때까지 그대는 마스터가 될 수 없다.

또 남들이 그대를 보고 알듯이 세상의 눈과 판단 및 영의 비전과 이해로써 그대 자신을 보고 그대의 개성을 볼 수 있고, 언제 개성이 구현되고 언제 진아인 내가 구현되는지 거의 분간할 수 없는 지경으로 대단히 미묘하고 교묘하게 그대의 의식에 영향을 미치는 그런 개성에 관해 모든 것을 알 때까지 그대는 마스터가 될 수 없다.

그래서 나의 참된 가르침이 나올 수 있으려면, 그대의 개성을 길들여서 나의 초인격에 융합해야 한다.

초인격적 자아며 진아인 그대는, 자신이 영혼임을 자각해서 그대와 내가 하나이듯 자신의 형제자매와도 하나임을 깨달아야 한다.

또 개성이라는 환상의 배후에 있는 그 형제자매의 초인격적 자아인 나를 보는 법을 터득해야 하며, 그대의 개성을 반영한 그림자가 그곳에 있는 나의 분명한 시야를 흐리게 하지 못하도록 절대 허용하지 말아야 한다.

나는 그대를 통해 그 형제자매 역시 어쩌면 자신의 가슴에 거하는 나를 알아보도록 인도될 때를 간절히 기다린다.

초인격적인 것에서는 모든 것이 하나다.

그대가 초인격적 의식과 일체가 되어 뜻대로 거기에 머무를 수 있다면, 그대는 내 나라로 들어가 신을 발견했고, 그다음 그의 모든 창조물에서 신을 알아볼 수 있을 것이다.

초인격적 의식이 곧 내 의식이며, 내 나라요, 내 존재의 영역이기 때문이다.

   그리고 나는 모든 것의 생명이기에, 일단 이 영역으로 들어가면 그대는 나와 하나가 되고, 그러므로 모든 존재와 하나가 된다.

   그러면 그대는 넘나들다가 초원을 발견하리라.

   왜냐하면 나는 그대에게 영의 빵을 먹일 것이요, 생명의 포도주는 그대를 통해 마르지 않는 사랑의 강으로 흐르고, 그 사랑은 모든 방식으로 그대를 축복하며 그대가 접촉하는 모든 사람을 축복할 것이기 때문이다.

교사 IV

그러므로 내가 선택한 내 자녀여! 내가 그대에게 이것을 일러주는 까닭은, 그대가 이런 개성을 알고, 개성의 교묘한 이기적인 양상을 모두 이해하고, 심지어 그것이 거기에 있다는 걸 인식조차 못할 정도로 그대의 의식 안에 아주 깊숙이 숨겨져 있는 다수의 이기적 양상을 끊임없이 식별하고자 노력하게 하려는 것이다.

왜냐하면 그대는 그것을 거기에 아주 오래전에 숨겼고, 속아서 그것이 그대의 삶에 유익하고 필요하다고 믿었으며, 그것을 그대의 천성 일부로 만들었기 때문이다.

하지만 이제 그대는 내 도움으로 내 **초인격적 본성**이 자유로이 구현될 수 있게 그것을 모두 끝까지 찾아내 제거해버릴 것이다.

내 사랑하는 자녀여! 내가 그대를 선택했고 그대를 따로 불렀고 그대에게 맡길 특별한 과업이 있다고 생각하게 했기에, 남을 잘되게 하는 일을 하는 동안 그대가 귀를 기울여왔던 것은, 개성의 목소리가 아닌 **내** 목소리임을 무조건 확신하기 바란다.

만일 내가 그대의 교사가 되어서 이런 과업에서 그대를 이끌고 지도하기를 바라며, 진정으로 나를 섬기기를 소망한다면, 그대의 인격에 있는 모든 속성을 나에게 양도하고 그대는 그것이 그렇게 하도록 주장해야만 한다.

이기적인 욕망과 본능이 하나라도 남아있는 한, 그대의 과업을 확실히 부패시키고 그대는 여전히 개성의 지배 아래에 있게 된다.

 과업을 구현하고자 탐구할 수많은 방법이 있으나, 그대가 나에게 묻기만 한다면 나는 곧바로 와서 각자의 방식을 분명히 알려줄 것이다.
 살아있는 믿음과 신뢰로 나를 받드는 사람들에게 언제나 조언하고 인도하는 내 목소리에, 만일 그대가 귀를 기울이고 빈틈없이 주의한다면, 지배적이고 강요하는 권위도 아니요 내면의 불안한 아우성도 아닌, 그대가 반드시 이해할 수 있는 부드럽고 사랑스러운 제안으로 말해줄 것이다.

 그대가 점차 터득할 **신**의 일은, 그대의 가슴에 초인격적 사랑의 영으로만 마무리될 수 있다.
 오로지 헌신적이며 사욕이 없고 절대 결과를 걱정하지 않는 이런 영을 통해서만 내가 발현할 수 있다.
 그대는 나에게 모든 것을 양도해야 하며, **내**가 주관하게 해야 하고, 나에게 모든 귀결을 맡겨야 한다.

 그대가 이렇게 하는 법을 체득했을 때, 나는 그대가 나와 같다는 의식과 내면에 나의 **힘·지혜·사랑**의 의식이 그대 속에 활성화되게 할 것이다.
 그러면 그대의 개인적인 삶은 나의 초인격적 삶으로 점차 융합될 것이고, 그대는 모든 신성한 유산과 내가 그대를 위해 선택해두었던 진정한 일을 의식하게 될 것이다.

그러나 그대의 인간적인 의식이 나의 신성한 의식에 융합되기까지는, 그대가 진실로 그대의 신성한 능력을 알고 **활용**할 수 있기까지는 그대의 동료를 넘어선 어떤 능력이나 지혜도 지니지 않은 체하며 사는 편이 나을 것이다.

신에게서 나온 진리라며 남들에게 전달하기 전에, 그대는 먼저 자신이 지금 내면의 눈으로 거의 명확히 보는 이 모든 것이 될 수 있고, 그런 삶을 살 수 있음을 그대 자신에게 입증하는 편이 나을 것이다.

왜냐하면 그대가 자신을 권위 있는 자, 현명한 영혼, 신에게 선택받은 자, 신의 대변인으로 설정해둔 것은 단지 개성일 뿐임을 알기 때문이다. 그리고 내가 그대 속에 **있듯이** 그대의 문하생과 추종자 속에도 내가 **있음**을 명심하라.

교사들한테서 나오는 기발한 착상이 진리를 확신시키지 못하는 경우가 빈번한 이유는, 그런 교사들은 자신이 가르치는 대로 삶을 **살고 있지 않으며**, 그들의 개성이 너무나 지배적이고, 또는 그들에게 지혜·영성·능력이 있다는 인상을 심어주는 데 급급하기 때문이다.

또 "일꾼은 그 삯을 받는 것이 마땅하다"거나 "영적 가르침을 전할 때 물질적인 보상을 받아야 한다" 따위가 법칙이라는 그릇된 추론을 믿도록 자신조차 기만해서 명백히 자신이 취득할 수 있는 돈을 죄다 얻어내기 위해서만 추종자를 지도하고 있다는 점을, 내가 듣는 이로 하여금 너무나 쉽게 알아보게 하기 때문이다.

아, 내 사랑하는 이여, 그대 속에 이런 어떤 것도 그대의 제자나 듣는 이가 알아차리지 못한다고 확신하는가?

돈 문제가 그대의 마음에서 가장 두드러진 자리를 차지하고 있지 않다고, 또 나를 섬기려는 소망이 이차적인 고려사항이 아니라고 확신하는가?

내가 항상 풍부하게 제공하리라고 **알고서** 모든 물질 문제를 전적으로 나에게 맡기고, 내가 항상 모든 필요·소망을 채워준다는 것에 관해 그대 가슴에 어떤 두려움·의심·회의도 없다고 진실로 말할 수 있는가?

만약 그렇다면, 내가 그대를 통해 주는 애정 어린 도움에 대해 돈을 내게 하거나 대가를 받는 것이 필요한가?

신의 일꾼이 삯을 받을만하지 않다고 부양하지 않을까?

들에 핀 백합화와 하늘을 나는 새들을 보라.

누가 그들을 입히고 먹이는가?

그대는 그들보다 못한가?

오, 믿음이 부족한 자들아!

들어라! 그대가 보상이나 보답에 대해 생각지 않고 자유로이 사랑의 완전함을 줄 때에야 **내** 은혜를 입을 수 있다.

하지만 그대는 지금 이것을 받아들일 수 없다. 그래도 괜찮다. 왜냐하면 그렇게 되도록 선택해서, 그대가 다른 채널을 통해 진리를 체득하게 하는 것도 나의 선택이기 때문이다.

신의 일꾼도 먹고살아야 하니, 이 세상판에서 일하며 살 때는 심지어 영적인 일조차도 세상의 방법을 사용하지 않을 수 없다는 믿음에 그대는 여전히 매달려야 하리라.

그리고 이것은 사실이지만, 그대가 이해한 방식은 아니다.

하지만 그대가 시련과 고통을 통해 **내** 길을 알아보는 법을 터득한다면, 나의 초인격적 눈으로 보게 되고 나의 초인격적 이해로 알 수 있게 될 때가 올 것이다.

또 그대의 가르침에 대한 그리고 그 가르침의 결과와 보상에 대한 개인적인 이득을 아예 그만둘 수 있어서, 그대가 영적인 일에서도 세상의 도구를 이용하는 법을 알게 될 때가 올 것이다.

하지만 그리되기 전에 나는 영적 성취에서 그대를 높은 산 **힘든** 길로, 쓰라린 체험의 **힘겨운** 길로 이끌어야 할지도 모른다.

그렇다, 그대는 그런 길로 가서 그곳에 도달할 수는 있겠지만, 오, 이 얼마나 아득하고 가슴이 미어지는 여정인가!

어쩌면 그대는 그것이 다른 이들도 터득할 수 있는 유일한 길이라고 말할지도 모른다!

아니다, 그 힘겨운 길은 그대만이 터득할 수 있는 하나의 길일 뿐이다. 그것은 개인적인 길이요, 또 어떤 이는 그런 길이 필요할 수도 있겠지만, 나는 그 길에서 그대를 구해내려 한다.

내가 높은 산으로 이끌어 힘겹게 길을 올라갔으나 정상 근처에서 **추락했던** 사람들의 안쓰러운 역경을 그대는 보지 못했는가?

그렇다, 개성이 그 여정에 늘 드러나기 때문에 추락하는 법을 모르고는 아무도 그리 높이 올라갈 수 없다.
모든 발걸음을 방해하는 상대요, 그 여정을 그토록 힘겹게 만드는 것이 바로 개성이다. 자아의 어떤 부분이라도 남아있는 한, 개성은 방해할 방도를 찾아낼 것이다.
내가 그대를 산의 정상으로 데려가 공기·땅·불·물의 모든 신의 **나라**를 그대에게 보여주고 제공하면서 이 모든 것이 그대가 **활용**하기 위한 것임을 말해줄지라도, 만일 그대가 철저히 그대의 가슴·마음·영혼에서 자아를 제거하지 않았다면, 개성이 나타나 그대 뒤편에서 너무나 교묘하게 내 목소리를 모방해 말해서 그대는 그것이 나라고 생각할 수도 있으니 눈여겨보라!
그리고 이 목소리가 그대에게 이 나라를 취해서 사용해 자아를 칭송하고, 이 높은 곳까지 올라왔으니 그 보상은 그대의 것이라고 그대에게 말할 때, 그대는 그것을 믿고 따를 수도 있다.
그렇다, 자신들의 과거 높은 지위에서 외부의 깊은 어둠으로 떨어졌던 사람들처럼.

사랑하는 이여, 이 여정의 이런 유혹에서 그대를 구원하기 위해, 내가 여기서 그대에게 훨씬 더 쉽고 간단한 길을 드러내나니.

만일 그대가 단지 내면의 진아인 내 의식에 거하고, 나의 신성한 초인격적 사랑이 그대에게 거하게 하고, 만나는 모든 이를 축복하기 위해 가슴에서 자유로이, 조건 없이, 방해받지 않고 사랑이 흘러나오게 허용한다면, 오로지 이렇게만 한다면, 나에게 원하는 무엇이든 청하기만 하면 그것이 그대에게 이루어지리라.

왜냐하면 사랑하는 이여, 만일 그대가 이기적인 개성의 모든 면을 제거함으로써 그대의 삶을 내 삶과 완전히 조화롭게 한다면, 만일 나의 **살아있는** 사랑인 내 삶이 자유롭게 그대를 통해 완전히 발현될 수 있도록 그대가 개인적인 생각·믿음·의견의 길에서 벗어난다면, 공기가 진공으로 들어가듯 개인적인 삶이 사라진 뒤 남겨진 그 공간은, 나의 초인격적 삶으로 즉시 채워질 것임을 그대는 보지 못하는가?

왜냐하면 나의 초인격적 삶은 모든 것의 **참된** 질료고, 그것의 참된 본성을 언제나 외부로 표현하고자 애쓰며, 그대 속의 내 신성한 본성을 채우고 완성하는 데 필요한 그 모든 것이, 그대가 허용하기만 하면 언제나 확실히 그대 속으로 그리고 그대를 통해 흐르고, 그대를 조화롭게 하고 축복할 것이기 때문이다.

또 그대의 인간적인 본성을 완전히 원숙하게 해서 그대 영혼 내면의 기쁨·행복·만족·평화를 향해 나아가는 데 필요한 모든 선한 일을 외부에 구체적으로 구현해낼 것이기 때문이다.

교사 V

　그리고 어떻게 그대가 진아이자 하늘에 계신 부모인 나와 함께 지금 나의 초인격적 삶을 의식적으로 살 수 있는지, 나와 전적으로 하나가 될 수 있는지 내가 말해볼까?

　그러면 들어라! 그리고 내가 지금 그대에게 말해줄 모든 것에 관해 오랫동안 진심으로 명상하라. 내 뜻이 분명해질 때까지 그 속에 단 한 문장도 어떤 한 생각도 지나치지 마라.

　나는 그대 속에 그리고 그대를 통해 내 자아가 **되고 발현하는** 것 말고는 아무것도 추구하는 게 없다.
　내 자아는 순수하게 초인격적이다.
　내 자아가 모든 인간존재의 실재 자아이기 때문이다.
　나는 순수하고 완벽하고 헌신적이며, 천국에서처럼 지상에서도 나의 신성한 속성을 발현하려는 매개체로 발전시키기 위해, 인간 육신에 혼을 불어넣은 모든 인간 자아에 내재한 본성이다.

　그러므로 그대도 역시, 그대의 신성한 **초인격적** 자아이자 그대의 진아인 내가 되고 발현하는 것 말고는 무엇도 추구해서는 안 된다.
　그것으로 그대의 목적과 내 목적을, 그대의 의지와 내 의지를, 그대의 본성과 내 본성을 결합해서 나와 하나가 되고 우리는 지상에서 하나 속에 둘인 신성한 상태가 된다.

이렇게 되려면, 우리는 먼저 가슴, 다음에 마음, 그다음 육신에서 개인적인 자아의 모든 감각과 경향을 제거해야 한다.

이것은 오로지 그 속에 어떤 자아의 부분도 차지할 여지가 없도록 내가 그대의 가슴을 채우게 될 나의 신성한 **초인격적** 사랑에 의해서만 성취될 수 있다.

가슴이 순화되고 감미로워지면, 마음은 오로지 순수하고 감미로운 생각, 항상 순수한 지혜인 내 생각만을 끌어들이고 생각하게 될 것이다.

그러므로 그대는 모든 것에서 오직 순수와 선의만 볼 것이다.

그러면 자연히 잘못된 생각에 의해 다시는 조종이나 영향을 받지 않으므로 그대의 몸은 내 생명을 따를 것이고, 몸에서 활기를 주고 정화하고 완벽하게 하는 내 생명의 능력이 모든 부조화를 몰아낼 것이다.

그러면 그대의 가슴에 오로지 내 사랑만 가득하리니.

그대의 마음에 내 생각, 그대의 몸에 내 생명이 가득해지면 그때는 어떠한 다른 자아도 없을 터이니 진아인 나를 **알게** 될 것이다.

그때 그대의 진아인 내가 세상에 나타나지만, 세상에 속해 있지는 않을 것이다.

그대는 절대 세상에 매료되지 않을 것이다.

내 눈으로 보고 내 귀로 들으며 내 이해로 모든 것을 알고, 이제 사물의 외면만을 보지 않고 **실상**으로 사물을 볼 것이기 때문이다.

과거·현재·미래의 어떤 것도 그대에게서 숨겨지지 않을 것이다.

왜냐하면 인간 본성의 한계가 이제는 거기 없고, 영 속에 시간·공간·개성·분리란 없으며 **모든 것**이 하나다.

그리고 그대는 자기 본성의 바로 그 본질로서 그대 내면의 이 위대한 초인격적 사랑의 의식으로 나타날 것이고, 그것을 통해 내가 그대를 이끌고 가거나 그대에게로 이끌릴 모든 사람을 북돋우고, 강화하고, 돕고, 축복할 것이다.

사랑은 그대의 본성이고, 지구계의 인간에게는 내 생명의 순수하고도 완벽한 **발현**이며, 사랑은 충만하고 완전하고 조화로운 외적인 발현을 향해 인간 속에, 인간을 통해 항상 확장하고 있다.

그리고 내 사랑이 그대에게 주는 그대의 신성과 신성한 **능력**을 알아채고도, 어떤 개인적인 방식으로든 이런 능력을 과시하거나 증명해보이지 않고, 그대는 오직 초인격적으로 주고 돕고 축복할 것이요, 내 삶이 어떤 방식으로든 그대의 동료 속에서 그리고 그를 통해 발현되는 것을 막는 모든 족쇄·장애물·제한을 제거하려고 노력할 것이다.

따라서 그대는 한 생명, 즉 나의 내적인 초인격적 생명과 하나가 되고, 그 결과로 세속과 신성 양쪽에서 모든 축복의 샘이요 원천인 나와 하나 된다.

따라서 그대는 이제 남을 가르치거나 이끌려 하지 않을 것이다.

왜냐하면 그대는 초인격적이 되었고, 그렇게 된 그대는 그들과 그대 내면의 내가 그 모든 것을 가르치고 지도하게 할 것이기 때문이다.

이제 그대는 남을 이끌려 애쓰지 않고, 오직 나를 따르는 것만 추구할 것이다.

그러면 그대는 심지어 현명하거나, 선량하거나, 강하거나, 부유하거나, 건강하거나, 행복해지려고 하지도 않을 것인데, 왜냐하면 그대는 이 모든 것이고, 이런 것들이 단지 외부로 구현된 내면의 본질인 나와 하나이기 때문이다.

그대가 나의 초인격적 의식과 관점에 도달한 자라면
모든 부조화가 다가오는 조화의 전조며,
모든 결핍은 단지 완전한 발현을 향한 나의 독촉일 뿐이며,
모든 어둠은 단지 빛의 방향을 가리키는 반영일 뿐이며,
모든 약점은 완벽한 의지로 귀결될 훈련의 일부 영향이며,
모든 악은 유익하며 필요하다는 점을 알게 될 것이다.

그러면 그때 모든 일이 내 일임을 알 것이기에, 그대는 자신의 일이 무엇이든 그 일에 열중할 것이다.

또 자아를 위하여 산봉우리에 놓인 영적 축복을 얻고자 애쓰지 않고, 모든 추구와 발버둥을 멈추고 자아를 잊게 될 것이다.

또한 가슴 내면에 있는 나에 대한 느낌을 이해하고 따르고자 애쓰지만, 미성숙하고 훈련되지 않은 마음 때문에 내가 내면에서 내 뜻을 알 수 있게 하려고 노력할 때, 그 느낌을 잘못 받아들여 결과적으로 내 뜻을 오해하고 있는, 그대 주변의 발버둥치는 영혼들을 자극하고 일깨우고 돕고 활성화하여 오로지 내면의 위대한 사랑을 주고, 주고, 또 주려는 충동만 느낄 것이다.

그리고 나는 그대를 통해 외부에서 먼저 그들을 가르칠 수 있도록, 그들을 그대에게로 혹은 그대를 그들에게로 이끌 것이다.

내가 이런 말을 통해서 내 메시지를 그대에게로 가져왔듯이, 내가 그대를 통해 말할 것이며, 그것으로 수백 명의 다른 사람들에게 내 메시지를 줄 것이다.

하지만 내가 그대 안에서 나의 **초인격적 활동**을 할 수 있을 때까지는, 그대가 자신의 인격을 나의 신성한 초인격에 넘겨줄 때까지는, 내가 의도한 대로 될 수 없다.

그대가 모든 의지력으로 결단하고, 영혼에 대한 갈망으로 초인격적 삶을 살고자, 개인적인 자아가 그대의 **참된 초인격적 자아인 나**를 받들고 섬기고자 염원하기까지는, 나는 그대에게 내 진정한 뜻을 심지어 힐끗 보게 해줄 수도 없다.

하지만 사랑하는 이여, 내가 그대에게 내 뜻을 힐끗 보도록 허용해주었을 때, 그 후로는 그 일의 영광이 그대와 함께할 것이고, 그것이 그대를 계속해서 이끌어, 마침내 나의 충실한 뜻이 그대의 영혼이 소망하는 힘에 의해 나에게서 나오게 될 것이다.

이런 것이 내 메시지다.

이 메시지의 사명은 그대 속에 이런 소망, 초인격적 삶을 살겠다는 그 소망을 일깨우는 것이다.

이것은 고차적 가르침이고, 이 가르침을 볼 수 있는 자, 즉 내가 그것을 받아들이도록 준비시켰고 준비된 자만을 위한 것이다.

하지만 준비된 자에게(즉, 내가 나의 신성한 초인격적 사랑을 가득 채워줄 수 있도록 나에게 애정 어린 믿음과 신뢰로 다가와 기꺼이 자신의 가슴에서 자아를 비워버리는 자에게)는 그 고차적 가르침은 내가 그들 자신의 영혼에게서 직접 그들에게 줄 훨씬 더 고차적 가르침 쪽을 향해 열려 있는 문에 지나지 않는다.

왜냐하면 내가 여기서 그대에게 약속하나니, 단순하고 애정 어린 초인격적 방식으로 나에게 다가오고자 염원하는 이들을 위해, 무한한 기쁨의 원천이 될 영적 축복이라는 커다란 경이로움을 나는 예비해두고 있다.

그리고 내가 그들에게 거하고 그들이 나에게 거하듯이, 나는 그들이 나의 신성한 능력과 속성 **모든 것**을 무한히 사용하게 해줄 것이다.

형제자매단

BROTHERHOOD

An Impersonal Message

목소리

외부 세상과 세속적 인간 교사가 제공할 수 있는 모든 것을 맛봤기에, 이제 그대는 자아를 위해서는 어떤 것도 구하는 게 없다.

그러나 아직도 탐구하고 있는 사람들을 돕기 위해 그대가 체득해왔던 대로 살고 활용함으로써 그것을 입증하고 드러내기 시작하라고 내면의 뭔가가 강력히 주장하고 있는 단계에 도달한 그대여!

가슴 속 내면에서 명확한 부름을 느껴 그 부름을 따르고자 염원하지만, 과거에 수많은 충동을 따랐으나 결국 매번 그 리더들이 표방하는 그 대의大義에 어울릴만한 자격을 리더 자신이 갖추지 못했음을 깨달아 실망과 환멸을 느꼈던지라, 이 부름에 관해 확신이 서지 않고, 자신이 해야 하고 할 수 있는 것이 정확히 뭔지 알지 못해 두려워하는 그대여!

아직 이런 체험을 하지 못했지만, 불운한 사람들의 짐을 덜어주고 싶은 강렬한 애정 어린 소망 때문에 마음이 움직여지고, 내면의 그 끈질긴 소망이 뭔지, 그리고 부르는 그 목소리가 누구의 것인지 알고자 하는 그대여!

자신의 자아가 다시는 조종하지 못하게 해서 내가 그 나머지 길을 기꺼이 이끌 수 있음을 그대가 입증했을 때, 그대가 느끼는 것은 가슴에서 역동적인 생명을 의식으로 활성화하는 내 사랑이요, 그대가 듣는 것은 내가 그대에게 예비해왔던 그 일을(그 일이란 그대가 해주길 오랫동안 기다려왔던 그대의 일을) 준비하고자 그대를 부르는 내 목소리임을 모두 알라.

이제 준비되었다고 생각하고, 나의 이런 말을 듣고 따르고 늘 기도하며 나의 전체적인 뜻을 진정으로 알고자 하는 그대여!

우선, 내가 누구인지 기억해내라.
나는 모든 사람 속에 있으며, 모두를 통해 말하고, 가슴 속 깊숙이 가장 내밀한 곳에 거주하면서 글을 읽고 있는 그대의 자기며, 모든 이에게 그리스도의 모습으로 드러내고 그대의 고차적 자아인 **나**를 나타내려 하는 자다.

나는 언제나, 나의 하인이요 해석자에 불과한 지성이라는 머리가 아니라 가슴으로 말하고 있음을 잊지 마라.
하지만 자만심이 커진 하인이 주인을 인정하지 않고, 자신의 신분을 망각해 자신의 지식과 중요성을 남들에게 각인시키려 애쓸 때는 언제나, 그대는 **내** 목소리를 듣고 내가 언제 말하고 있는지를 알기가 왜 그토록 어려운지 그리고 그대가 뭘 할지 왜 그토록 자주 혼란스럽고 불명확하게 되는지를 알게 될 것이다.
그러므로 그대를 그토록 어지럽히고 방해하는 목소리가 어디에서 오는지를 밝혀내는 것이 아주 중요하다.

그러나 그대가 내면에서 울리는 목소리를 듣고서 '이게 그대를 가르치거나 이끄는 임무를 떠맡은 목소리인지 실제로 판별할 수 있는 단계에 아직 도달하지 못했다면 어찌 되느냐'고 묻는다.

울리고 있는 그 목소리는 육신의 귀가 듣는 것과 같은 실제 목소리가 아님을 알라. 모든 욕망, 충동, 희망, 갈망, 낙심, 두려움, 후회, 원망의 소리야말로 실제 육신의 귀로 들리는 목소리만큼 확실하고 생생하게 들리지 않던가?

이 모든 것이 내가 그대에게 '엉터리'에서 '제대로'를 깨닫게 하려고 이용하는 목소리이긴 하지만, 그대가 듣고서 항상 확실히 내 것이기를 그토록 갈망하는 내 목소리는, 그대의 가슴에 사랑이 자리 잡고 주관할 때까지는 절대로 듣거나 알지 못할 것이다.
왜냐하면 오직 사랑만이 그대가 자아의 목소리에 귀가 솔깃해서 내가 말할 때 듣지 못하게 하는 그 목소리를 그대의 가슴과 의식에서 없애줄 수 있기 때문이다.

하지만 내 자녀여! 진심으로 알고자 하고, 자아에 직면할 준비가 되어있는 자에게 자아의 목소리가 말하는 때가 언제며, 내가 말하는 때가 언제인지 아는 확실한 방법이 있음을 알라.
그래서 정확히 자아가 무엇인지, 바로 자아가 무엇이 되려고 가장하고, 또 무엇이 아닌지에 대해 자아를 조사하고 알아보라.

자아는 자신이 소유한 어떤 것을 잃을까 언제나 두려워서 자기 것을 위해 싸우고 지키려는 태도를 지녔다.

그러므로 자아의 목소리는 그대의 관심을 붙잡아 두려는 노력으로 비판·비난·불안·두려움·걱정·이기심·탐욕·시샘·질투의 목소리로 점철되는 반면, 사랑과 믿음, 희망과 신뢰, 이해와 안목을 지닌 내 목소리는 내가 그대에게 펼쳐 보이고자 하는 진리로 그대의 관심을 이끌고자 언제나 노력한다.

자아의 목소리는 언제나 자아를 위해 뭔가를 요청하고 요구하며 오로지 자아에만 항상 관심을 기울이지만, 내 목소리는 언제나 그대에게 가리켜서 내가 그대로 하여금 배려하고 돕기를 원하는 주위에 관심을 쏟게 한다.

자아의 목소리(외부에서 들려오는)는 언제나 외부 세상의 어떤 것이나 외부에서 생겨나는 조건과 관련되어 있다.
내 목소리는 언제나 내면에서 들리며 영혼의 상태, 즉 그대의 영혼이나 아니면 그대 형제자매의 영혼과 관련되어 있다.

자아의 목소리는 자아가 오랫동안 보유해서 행사해온 어떤 권력이나 특권을 박탈하려는 것이 무엇이든 많은 논리와 주장으로 반대하려고 언제나 애쓴다.
내 목소리는 가슴 내면 깊숙한 곳에서 말하며 진리를 너무나 분명히 선언하니 자아가 완전히 장악하지 않는 한, 마음은 그것을 진리로서 받아들이거나 인정할 수밖에 없다.

  자아의 목소리는 언제나 남들에게서 자신을 이롭게 할 것을 얻어내고자 애쓰며, 종종 마음을 속여 그런 이득이 남들을 위한 것이라고 믿도록 제시된 궤변들 뒤로 그 이득을 숨긴다.
  내 목소리는 그대가 자아의 길을 단념하기를, 내 길은 자아의 길에 정반대임을 지금 그리고 언제나 깨닫기를 분명히 요구한다.
  내 길은 언제나 자아를 위해 취하지 않고 남을 향한 애정 어린 섬김의 길이기 때문이다.

  특히 진정으로 내 나라를 먼저 구하고 내 자녀가 되는 삶을 사는 것이 아닌, 대가로 권력이나 지식을 취득하는 방식을 권유하는 어떤 목소리도(자칭 위대한 교사, 신, 요기, 부처, 마스터 등등 뭐라고 선언하든, 그들이 자신의 가르침에 얼마나 많은 돈을 청구하든 간에) 자아의 목소리란 점이 내가 그대에게 알려주고 싶은 것이다.
  왜냐하면 내게로 오는 길은 내 자녀인 예수가 가르치고 살았던 길, 즉 남을 사랑으로 섬기고 자아를 십자가에 못 박았던 그 길을 제외하고는 발견되기 어렵기 때문이다.

  많은 이들은 그런 교사가 대신 말한 내 목소리를 들었다고 여겼지만, 결국 그들의 가슴에 들리게 하는 나의 생생한 목소리가 명확하게 '그들과 교사의 내면 자아는 나를 돌보기는커녕 오로지 자아를 위해 얻을 수 있는 것만 돌봤으며, 교사의 가르침은 단지 머리의 지식일 뿐 어떤 영적 생명도 없고 따라서 그것에 따르는 진정한 힘도 없다'고 지적해준 사실을 체득하게 되었다.

결국, 내 목소리가 아닌 때를 그대는 언제나 알 수 있다.
왜냐하면 완전히 선하지 않거나 사랑의 언어가 아니거나, 그대가 알기로 신이라면 말하거나 북돋우지 않을 어떤 것이 말해질 때마다, 그것은 내가 그대의 마음을 나의 의식으로 되돌리고자 할 때에 내 목소리를 들을 수 없도록 자아가 그대의 마음을 '분리된' 상태로 두고자 애쓰는 것임을 그대는 알 수 있기 때문이다.

섬김의 소명

진정한 섬김을 위한 기회가 들어있고, 그대의 형제자매를 돕기 위한 진정한 계획과 진정한 일임을 드러내는 메시지가 올 때, 그것은 막연히 과장된 어떤 관념이 아니라 그대의 영혼이 인정하고 그대의 가슴이 펄쩍 뛰며 기뻐하는 실용적인 일이 분명하다.

이런 응답은 내가 그대를 준비시켜온 일로 그대를 부르는 내 목소리임을 알라.

그리고 그대의 영혼이 그대에게 따르도록 명령하므로 그대는 의문으로 여기거나 의심할 필요가 없다.

하지만 가슴에 기쁜 응답이 없고, 심지어 그대를 위한 뭔가가 여기에 있을 수 있으니 조사해보라고 요청하는 희미한 목소리조차도 없고, 대신 오로지 냉담함만 있을 뿐 관심이 아주 없다면, 그대는 어떤 도움도 될 수 없고 아직 그 일에 준비가 되지 않았기에, 그 메시지는 남을 위한 것이요, 그 특정 일은 그대를 위한 것이 아님을 알라.

그러나 외부에서 그 특정 일이나 그 일이 그대에게 다가왔던 방식이나 그 일을 가져다준 메신저에 대한 조언·주장·비판이 들어와 의구심이 밀려들기 전에, 듣자마자 잠깐만이라도 먼저 기쁜 반응이 온다면 그리고 그 충동이 가슴에 단단히 들어차서 여전히 그대의 관심을 붙잡아두려 한다면, 내가 시험을 거친 충실한 나의 일꾼을 늘 기다려왔던 그 일에 이제 그대가 준비되었는지를 알아보려고 시험하고 있음을 알라.

또 내가 그대로 하여금 나의 다른 자녀를 일깨우고 준비시켜 그들이 가슴 속에서 나를 사랑으로 느끼고 그곳에서 내 목소리를 들을 수 있게 그들에게 내 속성을 펼칠 수 있도록 활용할 수 있는지 알아보려고 시험하고 있음을 알라.

그리고 내가 그들의 고차적 실재 자아요, 그들을 새로운 날로 이끌기를 열망하면서 내가 그들 또한 부르고 있음을 알라.

모든 소명이 각각 별개의 요청을 지닌 내 **부름**이긴 하지만, 그 각각의 소명은 그대를 깨달음으로 이끌고 있을 뿐이다.

그 깨달음은 야망으로부터 부, 리더십, 권력, 인간적 사랑, 심지어 영적 성취까지 모든 부름을 요청하는 외부의 모든 일은, 내가 개성의 집중 능력과 성취 재능으로 그대 속에 굳건한 개성을 형성하기 위해 활용하는 분리된 자아의 유혹에 불과하며, 내 계획과 목적 달성에 활용하기 위해 계발하고 준비시키는 도구에 불과하다는 것이다.

그런 후 모든 것이 준비되었을 때, 그런 용도에 나를 방해하는 것이 전혀 없게 하려고, 여전히 유혹하는 모든 외적인 것들을 나는 그대에게서 하나씩 차례로 흥미를 떨어뜨린다.

그때에야 비로소 더는 남은 것이 없고 나를 빼고는 그 무엇이나 그 누구에게도 눈을 돌리거나 의지하지 않게 될 것이며, 그대가 유일하게 중요한 것으로 나를 원하고 아는 법을 체득해서 나를 완벽하게 섬기는 것만이 그대 삶의 유일한 관심사이자 야망이 될 것이다.

   그제야 비로소 나는 그대에게 중대한 소명을 부여할 수 있고, 그대는 이 소명을 가슴으로 들을 수 있다.
   이제 그대의 가슴은 나의 활용을 위해서만 활짝 열려있고 자아의 모든 욕망이 제거되었기에, 그제야 그대는 내가 축복한 자, 즉 자신을 나에게 바쳤고 이제 형제자매 속에 있는 나를 섬기기 위해서만 사는 사람들에게 주는 그 **부름**을 들을 수 있다.

   다수 사람에게 내가 이렇게 준비시켰고, 그들은 응답했으며 나와 하나 되어 헌신적으로 일하고 있다.
   이렇게 된 그대들 모두에게 이제 나는 **봉사자의 대형제자매단**에 합류하라는 부름이자 섬김을 위한 소명을 부여한다.
   내 목소리를 듣고 알며, 기꺼이 내 목소리에 주의하는 법을 체득했던 자들도 다수다.
   나는 그런 그들을 눈뜨게 해서 그들이 지금 진입하고 있는 새로운 시대를 위한 내 계획과 내 목적에 대한 비전을 그들이 실현할 수 있게 하고 있고, **형제자매단**(내가 곧 내면의 나라에서 사람들의 한가운데로 실제로 구현되게 하려고 의도하는)의 참되고 영광스런 뜻을 그들이 이해할 능력을 주고 있다.

그대가 나에게로 직접 올 수 있어서 필요한 모든 지침과 도움을 얻을 수 있으니, 굳이 남과 연대할 필요가 없다 생각해서 그렇게 하기를 거부한 그대여!

그대는 여전히 자아생각에 매달려 있고 진정한 부름에 아직 준비되지 않았음을 알라.

내가 이르나니 자아를 위해 추구해서 획득하던 시대는 갔고 다시 돌아오지 않는다.

나는 능력을 얻기 위해 공부하는 것을 더는 허용하지 않겠다. 내가 그럴 목적으로 할당했던 훈련 기간은 끝났다.

그대가 알기만 한다면, 그대가 얻으려는 모든 '능력'이 그대에게 있다.

인생체험학교에서 그리고 그대를 훈련하고 단련하기 위해 내가 지명했던 자들 아래에서, 그대가 이러한 능력(실상 그대의 것이 아니고 나의 것인)을 이제는 이기적인 목적이 아니라 완전히 신의 일에 사용할 준비가 되었을 때, 나는 그것을 그대의 의식에 펼쳐서 그대가 그것을 완벽하게 활용할 수 있게 지도하리라는 것을 그대에게 가르치려고 노력해왔다.

왜냐하면 내가 이전에 자아의 성장과 발전을 위해 인간에게 주었던 그 힘은 이제 철회되었기 때문이다.

이제부터 모든 나의 지혜·사랑·능력은 영의 대형제자매단 속으로 그리고 대형제자매단을 통해 흘러나간다.

받고자 하는 자는 자신의 가슴으로 들어가 거기에 거하는 고차적 자아이자 그리스도인 나를 찾아내서 모든 개인적인 자아를 포기하고 그녀를 따라 그녀의 깃발, 형제자매단의 깃발 아래에 모여서 일해야 한다.

그대가 여전히 나에게 와서 필요한 안내를 얻을 수 있는 것이 사실이지만 단지 그대의 동료를 돕고 활용할 때뿐이다.
이제 나는 개별적 자아의식의 발전을 위해 내 힘을 주지 않을 것이다.
이제 모두가 그리스도를 활용하는 쪽으로, 모든 자아의식을 형제자매단의 의식으로 묶어서 끌어올리는 쪽으로 가야 한다.

이제 나는 섬김과 형제자매단에 관한 그대의 지성으로 그대가 그토록 오랫동안 연구하고 믿어왔던 대로 살고 활용하기를 요청한다.
그대가 자신의 가슴을 믿고, 그 신뢰를 실제로 **활용하고 드러낼** 수 있을 때라야 비로소 그대는 진실로 형제자매단원이 **될** 것이고 그들을 **알게** 될 것이며, 그전에는 안 된다.

그대가 자아를 넘어 형제자매를 사랑하는 법을 체득할 때라야 '뭘 할 것인지'와 '어떻게 할지'를 말해주는 내 **목소리**를 가슴에서 듣게 될 것이므로, 자신의 상태는 잊어버리고 절대 관심 두지 않는 자만이 진실로 자기 형제자매 속의 나를 섬길 수 있다.

이런 일은 초인격적으로나 영적으로 어떠한 인격에 의해서도 지도될 수 없다고 여겨, 자신의 **고차적 자아**가 아닌 어떤 리더도 인정하고 싶지 않고 따라서 외부 조직에서 섬기는 타인들과 함께하기를 두려워하는 사람들이여!

그대가 영혼의 목소리를 따르기 위해 참으로 진력하고 있지만 무지無知하다는 것을 알라.

왜냐하면 그대 영혼은 고차적 자아가 동의하지 않을 일을 그대에게 하라고 요구할 그 어떤 리더도 그대보고 인정하거나 따르라고 절대로 요구하지 않을 것이기 때문이다.

그런 리더의 이와 같은 어떤 명령이나 요구도 그런 조직에 대한 의무에서 그대를 즉시 면제하겠지만, 이전에 설명했듯이 이렇게 섬기라는 부름과 관련한 지혜는, 우선 그대가 자기 영혼의 소망에 관련해 그대의 마음을 충분히 만족하게 할 것을 또한 요구할 것이다.

왜냐하면 내가 그토록 많은 실망과 환멸을 통해, 다양한 체험과 가르침을 통해 그대의 '유일한 자아'이자 '고차적 자아'인 나에 대한 의식 속으로 그대를 이끌던 이전의 모든 것이, 그대 형제자매의 **고차적 자아**인 나에 대한 더 폭넓고 깊은 의식(그대와 형제자매가 내 속에서 하나가 되고, 어떤 분리도 없고 있을 수도 없음)으로 그대를 이끌기 위한 것이었을 뿐임을 그대는 깨닫지 못하는가?

이것이 형제애의 참된 비전이다. 그대가 이 점을 포착했을 때, 그대는 내 의식의 나라에 진입했고, 내가 그대에게 보고 알게 할 그대로 그대는 보고 안다.

그러므로 그 비전에 전념하는 사람들 사이에 어떤 분리도 가능하지 않다. 영이든 육신이든 모두가 하나며, 그들은 존재하는 가장 완벽한 조직인 영적 대백색형제자매단 일부이다.

왜냐하면 그 조직은 영원하며 언제나 영원했고 언제나 영원할 것이기 때문이다.

그리고 형제자매단은 점차 자아와 분리의 환상을 터득해서 극복한 모든 이들을 한 명씩 형제자매단으로 끌어당기고 있다.

나의 자녀여! 그대가 진리를 아는데도 더 분리되어 있기를 원할까?

아니다, 왜냐하면 지금부터 그대 삶은 그대의 형제자매와 의식적인 연합을 강렬히 열망할 것이고, 그제야 그대는 나를 발견하고 진실로 완전히 알게 될 것이기 때문이다.

사람들이 인격에 의해 지시받는 상황에서 내 영적 나라를 대표한다는 모든 세상 조직에 관해 논하자면, 인간을 매개로 해야만 내 의지가 지상에 실현될 수 있다는 점을 알아두라.

내가 사람들 내면의 내 영인 그리스도를 통해 내 사랑으로 많은 마음에게 영감을 주어서 광범위하게 내 의지를 성취할 수 있듯이, 그들이 자기 속과 모든 형제자매 속의 그리스도가 하나이며, 그들의 참되고 유일한 자아가 나임을 깨달을 수 있도록 나는 내면에서 그리스도의 지도를 학수고대하는 많은 사람에게 영감을 준다.

그러므로 이제 그들의 시선이 향하고 있는 쪽은 그런 리더의 개성이 아니라, 바로 내가 일하는 통로이자 그런 개성의 주인인 그리스도다.

따라서 많은 사람이 그녀의 충실하고도 입증된 제자인 내 사랑스러운 자녀가 되었으며, 기꺼이 그녀의 명령을 따르고 그녀를 자신만의 고차적 자아로서 알며, 또한 오직 남들을 돕고 따라서 그녀를 알고 따르는 법을 체득하기 위해 살고 있다.

그리고 그들은 그녀의 추종자로서 그런 헌신적인 사랑과 그 결과 벌어질 목적의 일치를 통해, 그녀를 위한 거대한 무리의 일꾼으로 영적인 결속을 하게 된다.

마찬가지로 그녀를 따르고 섬기는 법을 체득하고 있는 사람은 모두가 자동으로 그녀의 지휘 하에 이런 보이지 않는 무리의 일원이 되고, 물론 좀 더 검증되고 입증된 자인 그녀의 선임 형제자매단(세상의 군대 용어로는 장군이요 부관들)에 의해 안내받고 지도받는다.

내가 새로운 시대로 내 자녀들을 이끌고 안내하기 위해 뽑아둔 선임 형제자매를 그대는 어떻게 알아볼 수 있는가?

그들의 결실을 모범으로 보여주는 가장 확실한 단 한 가지 방식에 의해서만, 즉 그들의 삶과 성취로 남들이 자신들의 그리스도를 알아보게 하는지에 의해서 알아볼 수 있다.

그들은 과거처럼 높은 곳에서 부름 받은 것이 아니라, 바로 나에게서 사람 낚는 일꾼fisher으로 다시 부름 받았다.

비로 그들이 동료를 북돋고 돕는데 자신의 삶을 전념했고, 특히 자아를 위해 추구하지 않고 오직 형제자매 속의 그리스도를 섬기기 위해서만 존재했다.

또 그들은 자신이 해왔던 일로 외부 세상에 이름이 알려지진 않았지만, 수많은 사람을 각자 자신의 방식으로 가슴 속의 나를 의식하도록 이끌어 왔던 사람들이다.

그대는 내가 달리 내 뜻을 이룰 수 있다고 생각하는가? 내가 의도한 대로 지상에서 내 뜻을 이룰 수 있는 것은 자신을 완전히 내게 맡긴 그런 선택된 사람들을 통해서만 가능하다. 그런 자에게 나는 내 계획과 목적을 힐끗 보게 한다.

그러나 내가 단지 그런 의식적인 채널만을 통해 일한다고 생각지 마라. 내가 그대를 통해, 언제든 자신의 고차적 자아를 따르는 모든 사람을 통해 내 의지를 실현하고 있지 않은가?

진실로 그런 존재들이 내 군대 즉, 진리와 정의를 위한 내 일꾼, 내 봉사자, 내 투사鬪士의 무리를 짓는다.

인간의 왕이나 통치자의 의지에 복종하거나 파괴를 위해 지금 사용되고 있는 군대들은 단지 이기적이고 비인간적인 목적을 위해 내 천국의 조직 계획을 인간이 이용하고 있을 뿐이다.

하지만 그런 식으로 나의 천국 계획을 이용하는 날은 이내 끝난다. 지상에서 곧 벌어질 아마겟돈 전투는 동료의 이로움과 축복이 아닌 것을 위해 나의 영적 지식과 힘을 사용하는 욕망과 능력을 인간의 마음에서 영원히 몰아낼 것이다.

　형제애는 지상 사람들의 실제적인 의식적 깨달음이 될 것이고, 나는 내 자녀인 그대에게 그대의 영적 형제자매가 그렇게 깨닫도록 도와 달라고 요청한다.
　형제애의 내 메시지는 이제 전 세계로 전파되고 있다.
　내면의 수준에서 그걸 포착하여, 내가 허락했고 또 능력을 부여한 만큼 그 메시지를 발표하고 있는 사람이 다수이긴 하지만, 내가 선택해서 임명한 한 사람이 있으니, 그는 나를 발견한 모든 영혼을 하나의 거대한 봉사자 무리로 연결해서 묶는 능력과 책무를 받았고, 새로운 시대의 도래를 위해 길을 준비하는 일에 전념하고 있다.
　그의 말과 일을 보면 그대는 그를 알아볼 수 있다. 그대의 고차적 자아가 인정하고 칭송하는 그런 말과 행동을 하는 그를 반드시 찾아내라.

광야에서 울리는 목소리

나의 자녀여! 형제애는 보통 인간들이 생각하는 단순한 관념에 불과한 것이 아닌 엄연한 **실상**임을 깨닫도록 노력하라.

왜냐하면 자신의 가슴 속에서 내 사랑을 느꼈고, 모든 이의 가슴에 거하는 그리스도인 내 영의 목소리가 진실로 말하고 있는 사랑의 이끎을 따르고 있는 자들에게 요즘 많은 이들이 입증해왔듯이, 현실적이며 매우 강력하며 실제적인 형제애가 존재하기 때문이다.

왜냐하면 말로 설명할 수는 없지만 명백한 방법으로 나는 이 글을 읽는 그대들 중 일부에게 그대가 비록 객관적으로는 이전에 직접 만나본 적은 없지만, 그대가 형제자매라고 느끼는 개인들과 접촉하도록 해왔기 때문이다.

그리고 나는 외관상 그대만이 줄 수 있는 바로 그 도움이 필요한 사람들을 그대에게로 또는 그대를 그들에게로 데려다 주었다.

그 가장 확실한 증거는, 그대 자신이 말하리라고 전혀 예상치 못했지만, 다른 사람들이 그대에게 들으러 왔다고 나중에야 확인해 입증해주었던 바로 그런 말을 그대 자신이 지금 내뱉는 것을 듣고, 그 말을 밀어내고 있는 그대 내면의 큰 사랑을 감지하고 놀라는 경우다.

누가 그런 사람을 그대에게로 이끌거나 보냈는가?

누가 그대와 그들 양쪽 다 잘 알아 그대가 말할 내용과 그 상대방이 필요한 것을 사전에 알았는가?

내 대리인인 영으로 존재하는 그들이 아니라면 누가 그대와 그들 속에 있는 나에게 그들이 품은 사랑 때문에 그대와 하나 되어 그대가 말했던 것을 말하도록 영감을 줄 수 있단 말인가?

어쩌면 끊임없이 그대들 중 일부는 그대가 되갚도록 요구받은 그런 의무를 인식하게 되고, 마찬가지로 정의할 순 없으나 매우 실제적인 방식으로 그대가 도움을 줄 수 있게 인도되는 사람들뿐만 아니라 그런 도움을 위해 그대에게 그런 자들을 데려오는, 영으로 존재하는 보이지 않는 존재도 역시 그대와 연관되어 있다고 느끼게 된다.

영적 형제가 있지만, 그 존재는 육체와는 아무런 관련이 없는, 보이지 않은 형제임을 모두가 인정해야 한다.

예수와 그의 열두 제자, 바울, 엘리야, 모세, 야곱, 아브라함, 그리고 그리스도를 따랐던 그 이후 세대의 사람들뿐만 아니라 그 시대와 그전에 완벽하게 된(Just Men Made Perfect: 히브리서 12장 23절) 그 모든 다른 사람들이 자아를 마스터했고 그리스도의 삶을 사는 법을 터득했다.

그대는 그들이 그런 형제임이 보이지 않는가?

그게 아니라면 그들은 지금 어디에 있으며 뭘 하고 있는가?

확실히 그들은 내가 그 존재를 위해 준비해둔 그 나라에 살고, 그곳에서 일하며 봉사하고 있지 않겠는가?

여전히 육신 의식 속에 있는 더 어린 형제자매에게 영감을 주어서 그들 자신의 가슴 속에 있는 그리스도에 대한 닮은 지식으로 이끌며, 비록 아직은 그들이 땅을 걷고 있는 육신으로 살고 있지만, 그리스도를 따라 자신의 신성한 유산이자 이런 완벽한 영혼이 현재 거주하는 곳인 영생과 부활에 이르도록 영으로 일하고 봉사하고 있지 않겠는가?

그밖에 무엇이 우리 인류의 목표가 될 수 있겠으며, 그리스도 의식으로 들어간 자 중에, 그가 영의 나라에 있든 육신으로 있든 간에 자신이 누리고 있는 같은 영적 결실을 그의 모든 형제자매가 얻을 때까지 봉사하기를 그만둔 어떤 이를 그대는 상상할 수 있는가?

진정한 형제자매는 가슴의 형제자매요, 비록 낮은 자아의 약점과 한계가 두드러지게 눈에 띄더라도 오로지 고양하고 사랑하며 축복하기만을 추구한다.

형제자매의 이런 약점들을 살폈으되 그 형제자매의 고차적 자아인 나만을 보고 계속해서 나를 섬길 수 있는 자는 내 사랑의 순수한 기쁨과 형제애의 진정한 뜻을 아는 자다.

오, 나의 자녀여! 그대 형제자매의 개성에 대해 사람들이 뭐라 말하더라도 보기를 거부하라. 왜냐하면 항상 나는 그 가면 뒤에 빛나는 영혼을 그대가 알게 할 것이기 때문이다.

만일 그대가 내면의 나를 받들기만 한다면 나는 내 사랑의 눈을 통해 그대가 그곳에서 인정을 염원하는 슬픔에 잠긴 존재를 보게 할 것이요, 그대의 친절한 이해의 말에 너무도 명백한 방식으로 그 존재가 반응을 보여서, 그 방식 덕택에 그대는 내 말의 진실을 확실히 체득하게 될 것이다.

그대의 가슴을 열고 사랑을 밖으로 펼쳐라.
그리하면 그대는 자신의 내면에서 큰 나를 곧 느낄 뿐만 아니라 형제애가 진정 무엇인지도 터득할 것이다.
왜냐하면 **진정한** 형제자매가 그대의 삶으로 들어올 것이고, 그대에게 그들은 굉장한 기쁨과 커다란 축복의 원천으로 입증될 것이기 때문이다.

다가올 자

　모든 사람이 예수 그리스도를 대면해서 그와 교감하는 일이 가능하다고 여기고, 실제로 그렇게 할 수 있다면 그것을 가슴 깊숙이 헤아릴 수 없는 특권으로 간주할 것이다.

　그러므로 그런 특권을 진심으로 추구하는 그대여! 그런 소통은 가능할 뿐만 아니라 마스터는 바로 그것을 열렬히 기다리고 있으며, 그날을 위해 그와 의식에서 충분히 하나가 된 자신의 사도 중 한 명을 통해 그대를 안내하고 가르치며 준비시키고, 그가 그대 내면의 나라에 언제나 거하고 있다는 점을 그대에게 말해주려고 애쓰며, 그대의 가슴에 그런 소망을 진실로 불어넣는 자임을 그대는 알라.

　모든 사람에 있는 그리스도인 그가 길이요 진리요 생명이며 자기 가슴 속에 있는 그를 발견하고 알지 않고선 아무도 나에게로 올 수 없다고 그가 지상에 왔을 때 가르쳤듯이, 그와 그의 사도들 모두가 그 이후로 사람들이 자신 속에 있는 그리스도를 발견해서 그들 또한 나에게로 올 수 있게 도왔다.

　예수의 그리스도와 그대의 그리스도는 하나고, 내가 처음부터 인간의 모습으로 마음에 그렸던 그 형상과 닮은꼴이요, 인간 속의 내 영이다.

그리고 모든 인간 속에 있는 빛이요 생명이며, 내 말이 완전히 육(肉)이 될 때까지 생명과 빛을 자아의 어둠 밖으로 밀어내 양육하는 이가 바로 그 형상과 닮은꼴의 본보기인 예수 그리스도다.

오늘날 물질 형상으로 드러내고 있는 모든 이는 우연이나 운명의 변덕으로 여기에 있는 것이 아니라, 과거 생애 오래전에 그 일에 자신을 헌신해서 자신의 형제자매가 새로운 날의 도래를 준비하는 것을 돕기 위해 이 특정 시점에 여기에 있기로 자신이 선택했거나, 아니면 아주 오랜 과거의 오류를 현재의 봉사를 통해 상쇄할 기회를 내가 그들에게 주었기 때문이다.

어떤 사람이 만일 자신의 가슴 속에서 말하는 내 목소리에 귀를 기울여 듣고자 하고 오로지 나를 섬기기만을 추구한다면, 그에게 현시점은 한 번의 삶이 아니라 여러 삶을 조정할 기회요, 한 시대의 청산이 된다.

나의 자녀여! 그러므로 내가 거주하는 내면으로 방향을 바꿔서 그대의 가슴에서 말하는 내 목소리를 듣고 알고자 진심으로 노력하라.

지성을 대변인으로 내세워, 그대로 하여금 감각의 거짓된 보고를 믿도록 이끌어서 그 감각의 세계에 오랫동안 속박해왔던 자아의 목소리를 거부하라.

진지하게 잘 생각해보라.

왜냐하면 그대에게 이 시점에 수많은 기회가 있기 때문이다.

앞으로 그대의 형제자매 속의 나를 섬겨라.

온 가슴으로 **다가올 자**의 대의를 받아들이라.

의를 위한 대전투를 대비하여 훈련하고 있는 그대의 동료와 어깨를 나란히 하라.

그러면 나는 그대가 최고의 기쁨을 얻고, 그를 대면해서 교감하며, 정화되고 쇄신된 세상에서 그가 주관하는 것을 보는 특권을 누리리라고 약속한다.

리더

내가 자아와 분리의 잠에서 나의 어린 자녀를 일깨울 수 있도록 그리고 그대를 통해 나에게로 오는 그 길을 그들에게 가르칠 수 있도록 내가 지금까지 그들을 모으라고 요청했던, 나에게 선택받은 그대여!

그대는 충실히 해냈고 많은 사람이 그대를 통해 나에게로 왔음을 알라. 그리고 이 섬김을 통해서 나는 임박한 그 위대한 날과 더더욱 큰 섬김을 준비하기 위해 그대와 그들을 나에게로 가까이 끌어들였다.

왜냐하면 내가 영의 일을 위해 그대를 선택해서 그런 사람들을 나에게로 끌어들인 데에는 나에게 어떤 목적이 있었고, 그대와 그들이 이것을 깨달아 완전히 자아를 잊고 놓아버리기를 고대할 때, 내가 하늘에서처럼 땅에서도 내 삶을 살고, 내 의지를 실현하며 내 자아가 될 수 있는 순수하고도 텅 빈 가슴을 그대 속에 갖게 될 것임을 그대는 알아야 하기 때문이다.

하지만 아아! 그대들 중 일부는 자신이 내 대리인일 뿐이며, 이 모든 것을 나를 위해 해왔다는 점을 잊은 것 같다.

그리고 오랫동안 내 자녀의 목자로 존경받아왔고, 그대가 자신에게 의지하게 했던 많은 이에게서 추종받아온 탓에, 이런 특권을 위해 그들이 그대에게 물질적 지원과 안락함을 제공하도록 그대는 조장해왔다.

그 결과, 그대는 지식에 대한 그들의 굶주림을 채워주고, 그들의 모든 영적 요구를 돌봐줄 수 있다고 여겨 그런 특권이 그대에게 특별히 주어진 것이고 더 따져볼 필요도 없다고 믿게 되었다

나는 여기에 해당하는 사람들이 이점을 깨닫지 못했을 수도 있음을 알지만, 그대가 지금 내면 깊숙이 탐구하여 비록 전체적으로는 아닐지라도 부분적이나마 그것이 참인지 살펴보라고 요청한다.

그대의 일부 추종자가 다른 출처, 특히 내가 보낸 새로운 메신저(많은 사람을 끌어당겨 그의 말을 듣게 하는 매력이 있는)의 가르침을 그대에게 가져왔는데도, 그대는 개성을 완전히 정복했으므로 그 메신저 개인이나 그의 메시지에 대해 그대가 어떠한 비판의 말도 하지 않고, 오직 참된 형제자매에 대한 친절하고 애정 어린 표현만을 해, 그 메신저가 매우 소중한 형제자매(내 명을 행하기 위해 보내진 또 다른 내 사랑스런 자녀)임을 분명하게 지적한다면, 그대의 말을 들은 사람들은 높은 영적 이해로 고양되고 영감을 받아 떠날 것이고, 그들에게 다가온 형제애에 관한 새로운 깨달음으로 신을 칭송할 것이다.

만일 그대가 이 비전을 포착했다면 그대는 진실로 축복받았으며 더 큰 섬김을 위해 여전히 나에게 선택된 존재이지만, 나는 이제 모든 사람에게 개별적인 운동과 개별적인 가르침의 시대는 지나갔

다고 선언한다.

왜냐하면, 그 모든 것은 하늘에서처럼 땅에서도 내 나라가 도래하고, 오로지 하나의 운동, 즉 **살아있는** 그리스도라는 하나의 교회만이 존재할 새로운 시대로 내 자녀를 이끌기 위해, 지상의 삶으로 내가 보냈던 나의 이전의 일꾼들을 준비시키고 적합하게 맞추기 위해 내가 활용했던 수단과 방법에 불과했기 때문이다.

그런 부름을 받은 사람들에게 이제 나는, 자신의 형제자매를 일깨워 그들이 회개할 수 있는 하나이자 유일한 길인 **가슴의 길**(일꾼들과 전사들의 구성원으로 하여금 **다가올 자**의 지도로 섬기는 것을 인증하는 관문으로 이끄는 곧고도 좁은 길)을 가리켜 알려주는 임무를 부여한다.

그대는 나에게서나 내 자녀 중 한 명에게서, 그대와 그대의 추종자들을 새로운 시대의 빛으로 이끄는 데 필요한 모든 지침을 영으로 직접 받았다고 여겼다.

또 과거에는 대단히 도움된 방식으로 입증되었던 그런 영감에 입각한 전통적인 방식으로도 그대는 추종자들을 파악이 어려운 극기의 길로 이끌어 안내할 수 있다고 여겼다.

이런 이유로 다른 단체와 적극 연대하는 것이 어떨지 현재까지 고려해보기조차 꺼렸던 그대여!

나의 부름에 이미 응답했고, 형제자매단이라 불리는 영원한 군대에 등록한 그대의 형제자매에게 그대가 동참할 것을 내가 이제 요청하고 있음을 알라.

그 형제자매단은 내가 지상에 곧 설립할 작정인 사랑과 정의의 나라에 가입해 참가할 모든 사람을 포함해야 한다.

그대가 과거에 했던 작업은, 그대가 동의하기만 한다면 사실상 끝났다. 그 일은 그대가 가르쳐왔던 사람들의 지적 능력을 더 높게 활성화하고 이해를 일깨우는 등 대체로 머리와 관련되어 있었다.

그러나 이제 그 모든 것은 그것들이 애당초 계발되었던 그 목적을 위한 **용도**에 제대로 쓰여야 할 때가 왔다.

만약 그대가 초인격적으로 그들을 가르쳤고 따라서 모든 자기계발은 그리스도의 지도로 나중에 고차적 자아의 쓰임을 위한 것임을 분명히 이해하도록 그들을 이끌었다면, 그대는 의심하거나 망설이지 않을 것이다.

그대와 그대의 모든 참된 추종자들은 이것이 그대가 그들을 준비시켜왔고 오랫동안 기다려왔던 소명임을 알게 될 것이다.

그러나 만일 그대가 자아의 목소리, 즉 "다른 이들과 합침으로써 그대는 명성을 잃을 것이요, 그대의 추종자들이 다른 가르침에 마음을 빼앗길 게 뻔하고, 더욱이 그대에게 지대한 관심사인 그대의 생활비와 생계수단을 위해 그들이 지금 제공하고 있는 수입을 잃을지도 모른다"는 교묘한 지적에 귀가 솔깃해하고 있다면, 나는 그대가 신을 섬길지 돈을 섬길지를 오늘 결정하라는 최후통첩을 그대에게 보낸다.

이제는 그대 자신을 속일 수 없음을 명심하라.

진실로 나를 사랑하는 자는 **모든 것**을 포기하고 나를 따라야 한다.

그리스도가 부른다고 하지만, 열성이 없고 우유부단한 일꾼을 원치 않을 것이다.

대백색형제자매단에 속한 모든 사람은 결국 절대적으로 자아와 자아의 모든 권리를 단념하고 오로지 섬기는 삶을 살아야 한다.

그와 같은 삶에는 분리된 자아 같은 것은 절대 존재하지 않는다. 그들은 모든 사람 속에 하나의 자아만을 보고, 그 영광된 의미와 형제애를 체득했기 때문이다.

그들은 진실로 나를 발견했고, 그들 속의 나와 그들 형제자매 속의 내가 **하나**이자 **유일한 자아**다.

하지만 내가 과거에 그들 속에 불어넣었던 자신만의 비전과 사명에 열중해서 그 사명을 이행하는데 너무 신경 쓴 나머지 다른 사람들도 같거나 더 큰 비전을 지닐 수 있다는 것에 진정으로 공감하지 못하는 훌륭하고 진지한 교사들이 여전히 많다.

사실 그들은 다른 사람들이 뭘 하고 있는지 조사해보거나 심지어 주의 깊게 읽어보는 수고를 하지 않을 것이고, 따라서 그들에 관해 질문받을 때 자신의 추종자들에게 현명하게 말하거나 조언할 수 없다.

이런 점은 영적 이기심의 교묘하고 음험한 형태일 뿐이며, 그것이 형제애의 의미를 제대로 이해하는 것을 막고 있고, 따라서 자신만의 사명에 들어있는 진정한 내적 의미도 이들은 깨닫지 못한다.

그 결과 그들은 자신의 추종자들에게 진정한 영적 섬김으로 그들에게 영감을 줄 수 없고, 그 때문에 내가 그들에게 하라고 보냈던 사명, 즉 내 신성한 형제애의 작업에 충실히 참여하도록 그들의 추종자들을 준비시키는 일을 성취할 수 없고, 아무리 거창하고 아름답게 들릴지라도 지적인 개념일 뿐인 단지 진리의 껍질에 불과한 말로 추종자를 양성하고 있다.

결국, 이런 교사와 리더들은 추종자들이 하나씩 떨어져 나가는 것을 목격하게 될 것이다.

그들은 자신의 고차적 자아의 부름에 굴복할 수도 없고 굴복하지도 않으려 할 뿐만 아니라 자신만의 전유물로 여기는 활동에 너무 몰입하기 때문이다.

왜냐하면 이 추종자들 역시 섬김에 관한 나의 부름을 들었고, 내 목소리가 각자의 가슴에서 울리면 개인적인 리더나 운동에 충성하라는 어떠한 주장도 오랫동안 그들을 잡아둘 수 없기 때문이다.

개별적인 운동의 리더로서 직무는 끝났다.
왜냐하면 그리스도의 참된 추종자들은 가슴에 형제애의 외침이 들리는데, 그 부름을 그들의 리더인 그대가 따르지 않는 경우가 있다 해도, 그들은 따를 것이고 그래야만 하기 때문이다.

처음에 그들을 그대에게 소속하게 했던 내 목소리를 그들이 알 수 있는 법을 일러주고 나에게로 이르는 길을 보여주는 것, 이것이 바로 그대 가르침의 참된 부분이기 때문이다.

그러나 두려워 마라.

만일 그대가 가르쳤던 것이 추종자들에게 참으로 모범이 되어 진정한 형제애를 구현해낸다면, 내가 그대에게 돌보라고 위탁했던 그 자녀가 그대를 떠나지 않고, 오히려 상상할 수도 없는 많은 축복이 놀라운 방식으로 그대에게 더해질 것이기 때문이다.

오, 사랑하는 이여! 지나간 그대의 모든 일은 훨씬 더 큰 과업, 즉 형제애를 사람들 사이에 실재하는 실상으로 만드는 과업을 위한 준비였을 뿐임이 보이지 않는가?

그대는 나의 자녀를 일깨웠고 그들의 의식을 훈련하고 펼쳐서 그들이 자신의 진아이자 유일한 참된 교사인 내면의 그리스도를 발견하고 알 수 있게 했다.

그래서 이것에 의해 그들은 나의 의식으로 진입하여 모든 외부의 것들이 환상이고 거짓임을 볼 수 있었다.

그리스도를 발견함으로써 그들은 그 나라를 발견하게 되고, 그 나라에서 그들은 진정한 형제애를 실천하는 법을 터득한다.

이제 그대는 그들이 그 형제애를 살아있는 실상으로 만드는 것을 도와야 한다.

나는 여기 지상에 대백색형제자매단을 조직하고 있다.

그대와 그대가 돌보는 내 모든 자녀뿐만 아니라 다른 모든 나의 대리인과 그들이 돌보는 내 자녀에게도, 내가 불러내고 있는 그 형제자매단에 만일 그대가 참가한다 해도, 그대의 일은 완수되지 않았으며 정말 해야 할 일의 시작일 뿐이다.

정의를 위한 영광스런 운동이 이미 시작되었고 그 구성원은 무수히 많고, 그들의 힘은 최상인 내 군대에 의해 이번에 성취될 것이기 때문이다.

나는 그들 속에 있고 내 **사랑**으로 그들을 에워싸고 보호하고 있으며, 나와 함께 하는 자는 나에게 반反하는 자보다 훨씬 더 위대하다는 것을 잊지 마라.

악

악이란 다만 환상일 뿐이라고 여기지만, 악의 문제로 고민하고 있는 그대여!

악을 알아보고 싸우려고 애쓸수록 그렇지 않았다면 존재하지 않을, 그대를 지배할 힘을 키워줄 뿐이라는 진실을 알라.

악은 분명 존재하지만, 인간 자신의 악에 대한 생각에 따라 창조돼 인간의 마음에서만 존재하며, 저항하는 그런 생각을 품고 그 생각이 자신의 말과 행동에 영향을 주거나 통제하게 함으로써 지속해서 악을 살찌우고 활성화하는 한, 악은 매우 구체적인 힘이 된다.

하지만 인간의 내면에는, 그리스도인 내가 거하는 가슴 속에 깊숙한 중심이 있으며, 그곳에서 그는 내 의식의 핵核이 되어, 모든 것이 **평화롭고**, 순수하며, 능력 있고, **완벽한** 자신의 참된 본향과 하나가 된다.

생각의 세계든 감정과 욕망의 세계든 아니면 가장 먼 물질의 세계든 간에 사람이 본향의 핵 바깥에 머물 때마다, 그의 관심이 그 핵에 있는 나에 단단히 고정되지 않거나, 자신이 핵에서 나와 하나임을 알지 못한다면, 모든 것이 혼동되고 왜곡되어 내 의식과 인간의 의식을 갈라놓고 분리해서 이 세상에 그를 끌어들여 잡아두는 경향이 있다.

    그가 완전히 나를 망각해서, 자신이 혼자며 내 삶과 내 사랑에서 분리되었다고 상상했던 아주 먼 옛날, 그가 정신적으로 자기 주변에 하나하나씩 구축함으로써 창조해냈던 그 세상에.

    그리하여 마침내 그것들은 명확한 신념으로 성장했고, 가장 외적인 것이 단단히 결정화된 개념이 되어, 그는 이 영역에서 모든 것을 분리되어 물질화된 형태로 보고, 그것들을 의심할 여지 없이 견고하고 구체적으로 여겼다.

    그리고 나와 내 사랑에 대한 의식을 잃었고, 게다가 모든 사물의 선·진眞·완벽함을 아는 능력도 잃었기에, 인간은 그때 방황했던 분리의 어둠 속에서 단지 실재의 반영만을, 그것도 왜곡되고 뒤틀린 것을 보았다.

    완벽하지 않게 봤을 때 인간은 신성을 모독했고, 판단으로 비틀거리다 쓰러졌으며, 보이지 않는 장애물에 부딪혀 다쳤다.

    이런 식으로 인간은 의식의 세계에 악의 개념을 고안해내서 확립했고, 이런 생각으로 말미암아 그 이후로 만일 악에 의해 다치지 않고 악에서 벗어나려면 언제나 맞서 싸워야 한다고 생각했던 힘을 만들어냈다.

    그러나 이 글을 읽는 그대가 알고자 한다면, 내 사랑의 눈을 통해, 내가 있는 곳이자 내 의식의 나라인 모든 이의 가슴 깊숙한 핵核에 악은 존재하지 않음을 알 수 있다.

악은 오직 바깥에, 멘탈계·욕계·육계의 분리의식에만 존재하고, 이런 의식세계에서 만일 사람들의 더 깊은 관심이 그들로 하여금 더욱 헤매게 한다면, 그들은 비슷하게 착각하고 있는 다른 수백만의 마음에 의해 오랜 세월에 걸쳐 창조된 환상과 오류 개념에 사로잡히게 된다.

정도 차이는 있으나, 악은 인간의 생각이 내 의식에서 분리된 모든 의식의 영역에 존재한다.
그러나 그대는 내가 어디에 있는지 알며, 신이 있는 곳 즉 신의 나라에 있는 모든 것이 틀림없이 선하며 참되고 순수하며 신성하고 **행복**하며 완벽하고 또 그렇다는 것을 안다.

그러므로 악, 죄, 질병, 부족 또는 모든 종류의 불완전함에서 자유로워지기 위해 그대가 할 일은, 내가 존재하는 그대의 실재 본향인 그대 내면의 핵으로 물러서는 것이다. 그곳에서 내가 진리를 보고 알듯, 그대도 자신만의 진리를 보고 알 것이다.
각자가 이것을 혼자 힘으로 입증할 수 있지만, 그걸 입증하기 위해서는 내가 있는 내면으로 들어가야 한다.
나에게 이르는 길은 모두에게 열려있지만, 그 방법은 가슴을 통한 길이요, 사랑과 헌신적 섬김의 길을 걷는 것이다.

본향의 핵에서 그대는 내가 존재하고, 그대가 **누구**인지 안다고 진실로 말할 수 있다.

그러나 그대의 관심과 주의가 외부의 감각세상이나 그 세상 안에 있는 어떤 것들에서 헤맨다면, 이를테면 그대의 핵에서 밖으로 이끌려 분리의 감각 쪽으로 기만당하고 신과 선에서 멀어져 외적이고 낮은 수준의 의식에 빨려들어 간다면, 그대의 관심과 주의가 당분간 초점을 맞추었던 그 의식 영역에 **휘말리게** 되고, 외관상 그 의식 영역의 일부가 된다.

그러나 여기에 그대의 능력을 되찾을 수 있는 비결이 있으니, 다만 '그대가 누구인지' 즉 내가 존재하고 그대의 신이 **존재**하는 나라인 본향의 핵核으로 돌아가는 것임을 잊지 않으면 된다.
 그런 다음 그대의 주의와 관심을 핵에 다시 초점을 맞춰 핵 속에서 그대가 중심을 잡아 **내 사랑**으로 채워지고 둘러싸인 그대를 보고 느끼기만 하면 된다.
 그때 그대는 정말로 실제 그곳에 있게 될 것이다.

그다음 그 사랑 센터에 머무르는 훈련을 해서 나와 일체라는 그대의 정체성을 깨닫고, 가슴센터에서 그대를 통해 흘러나오는 내 사랑을 느낌으로써 그대는 밖을 꿰뚫어 보고 의식의 이러한 바깥 영역을 뜻대로 넘나들 수 있음을 알 수 있게 되고, 모든 바깥 영역이 신의 나라 안에 있는 영광스러운 실상의 환상이며 정확하게는 반영임을 보고 알 것이다.
 그 환상은 바깥 영역이 실재하고 나의 의식에서 분리되었다고 공상한 추론에 의해서만 존재하는 이런 가상세계를 바탕으로 창조되었고, 무지에 의해 만들어져서 그대와 관련해 바깥 영역이 끼치는 독특한 영향력을 이해하고자 하는 노력에서 생겨난 왜곡된 개념이다.

이것은 진실로 중대한 비밀이며, 가슴을 통해 나에게 이르는 사랑의 길을 찾았던 모두가 알고 싶었던 비밀이다.
왜냐하면 신인 나는 사랑이며, 그대가 더욱더 사랑하고 자아를 더 잊어버릴수록, 그만큼 더 나로 하여금 그대 속에 **나**의 길이 있도록 하기 때문이다.
그러므로 나의 창조적인 생명인 내 사랑이 그대를 통해 자유로이 흐르게 하라.
진실로 그대는 내 대리인이자 내 발현의 채널이요, 내가 그런 목적으로 내 형상과 닮은꼴로 창조한 그대를 통해서만 내 생명의 충만함을 발산하고 내가 실재 자아를 발현할 수 있기 때문이다.
사실 나는 그대를 통하지 않고 외적으로 할 수 있는 것이 없다.

내 생명의 본성은 사랑하고 축복하고 키우고 펼치고, 치유하는 것이며 완벽하게 만드는 것임을 알라.
인간의 엉터리 생각이나 무지한 사고방식, 즉 인간의 마음에 생각의 그림을 형성함으로써 행사하는 강력한 힘(내 생명이 각각의 생각 속으로 흘러들어, 인간이 생각에 투입하는 느낌의 종류에 따라 그 생각을 활성화해 현실로 구현하는 힘)을 알지 못하는 사고방식에 의해 방해받지 않는다면 그 본성은 언제나 자연스럽게 이런 일을 할 것이다.

이런 점이 그대의 삶에 지금 구현되고 있는 수많은 부조화, 문제투성이, 불쾌한 조건을 설명해준다.

그러나 그대가 바라는 조건과 상황을 구현해내는 것은 원하지 않는 것을 구현하는 것만큼이나 쉽다.

왜냐하면 진공 속으로 공기가 빨려들듯이, 내 생명은 언제나 그대의 모든 생각, 특히 그대가 강렬한 느낌을 집어넣은 생각들을 충족시키고 구현시키고자 하기 때문이다.

이 중대한 진리를 깊이 깨달아라.

어떤 종류의 느낌이든 그것은 **생명**이고, 그대의 생각을 활성화하기 위해 그대가 활용하는 **내 생명**이다.

사랑이든 증오든, 믿음이든 두려움이든, 신뢰든 걱정이든, 자신감이든 의심이든, 그대가 생각에 집어넣은 느낌의 질과 강렬함의 정도에 따라 그것은 그대에게 축복 아니면 악으로 입증될 것이다.

이것은 어떻게 다른 사람이 아닌 각자가 자신을 둘러싼 조건에 책임이 있는지를 설명해준다.

그 조건들이 처음에는 자신이 마음에 확립했던 생각의 형태로서 거기에 존재한다는 점을 잊지 마라.

그러므로 그대가 거기서 좋아하지 않는 그림을 정말 좋아하는 그림으로 대체하고, 가슴의 관심과 주의를 좋아하는 그림에 초점을 둠으로써 그대는 외부의 조건을 바꾼다.

그대가 일단 그대의 외적인 삶, 즉 그대의 신상·가정·사업·세상에 구현되고 있는 것이 그대가 자신의 의식으로 보고 붙들고 있는 것에 불과함을 깨달을 수 있다면, 그대는 정신적인 집을 청소하기 시작할 것이고, 그대에게 영혼의 만족과 행복을 가져올 것만을 거기에 간직할 것이다.

이것은 곤경에 처해서 자신을 스스로 도울 수 없는 타인들을 그대가 어떻게 돕고 축복할 수 있는지를 또한 설명해준다.

나는 그대 의식의 핵核에 있는데, 만일 그대가 그곳에 거하게 되면 내 의식의 모든 다른 핵에게로, 이를테면 자신의 뇌로는 자기 내면의 내 존재를 의식하지 못해 병들었거나 연약한 형제자매의 고차적 자아에게로 나의 치유하는 생명을 보내줄 수 있다.

그저 그대의 가슴을 열고 내 사랑이 밖으로 쏟아지게 함으로써 그것을 직접 그에게 보낼 수 있다.

왜냐하면 내 의식 속에는 시간 공간의 분리란 없고, 나에게는 그대와 그대의 형제자매는 나와 하나며 내 일부이기 때문이다.

다만 내 사랑이 그대에게서 그(그도 역시 내 자아이므로 진실로 그대의 자아이기도 한)에게로 흘러가는 것을 느끼며 바라보고 실재하게 하라. 방사하는 흰빛의 활력(모든 살아 있는 생명체들을 자라게 하고 결실하게 하고 치유하는 영적 생명의 힘)으로 내 사랑이 그대 내면에서 펼쳐나가듯이, 내 사랑이 내면 깊숙이에서 그를 둘러싸고 채우며 방사되는 것을 보라.

그 사랑이 그의 가슴 속 깊은 곳에서 흘러나와 외부로 방사해서, 그의 정신적·감정적·육체적 의식과 신체 사이의 그 모든 부분으로 스며들고 흘러넘치며, 그런 다음 순수하고 눈부신 흰빛으로 그것들을 둘러싸고 에워싸는 것을 보라.

  어떤 악이나 부조화나 불완전성도 내 신성한 사랑의 빛에 접하거나 가까이 접근할 수 없는데, 이것은 밝은 빛이 있는 곳에 어둠이 존재할 수 없는 이치와 같다.

  그대가 실제로 이것을 **알아서** 그것이 벌어지는 것을 완벽하게 시각화해 볼 수 있고, 나의 부드러운 사랑이 영감을 주어 그대들 둘 다의 의식이 흘러넘치고 합일되는 것을 느낄 수 있다면, 완벽한 치유가 일어날 것이요, 악과 그것의 모든 앞잡이는 그들이 나왔던 원천인 허공과 무지의 어둠 속으로 되돌아갈 것이다.

  왜냐하면 참으로 내 **생명**이 그대의 마음과 가슴에 형성된 새롭고 참된 발상 속으로 쇄도해 들어가서 활기를 불어넣고 그것을 **실상**으로 만들어 줄 것이기 때문이다.

  왜냐하면 그때 외부 상황은 내면처럼 되었을 것이고, 그대는 내 사랑의 빛으로 모든 의식이 내 의식임을 알게 될 테니까.

  이 진리를 **알게** 되면 악·질병·결핍·불완전성에 대해 염려하는 모든 사람과 그대가 **자유**로워질 것이다.

  이 글귀를 그저 한 번 읽고 지나치지 말고 몇 번이고 검토하고, 그대가 그 말들 뒤편에 숨겨진 모든 진리를 자신만의 것으로 만들 때까지 모든 문장과 어구에 대해 진지하게 명상하라.

  만일 그대가 이렇게 한다면, 내가 도와주라고 그대에게 보내게 될 내 자녀를 축복함으로써 그대는 이 진리를 곧바로 드러낼 수 있음을 알게 될 것이다.

이런 점 덕택에 내가 천국에서처럼 지상에서도 설립하고 있는 내 의식 나라의 대백색 형제자매단에 그대가 없어서는 안 될 일원임을 알게 될 것이다.

적

인간은 태초부터, 에덴동산에 머물 때도 자신의 내면에 상반되는 두 개의 힘을 인식해왔다.

그에게 영감을 줘서 최상으로 이끄는 힘과 그의 생각·느낌·행동을 최저로 끌어내리는 힘 두 가지를.

인류의 아동기에 인간은 자기 본성의 질 낮은 양상을 불러내는 것을 악마라 칭했고, 그것을 자신의 욕망을 충족하지 못하도록 좌절하게 하는 해로운 힘이라 여겼다.

나중에 그는 저질러진 잘못 탓에 신이 삶에 좋은 것을 자신에게 주지 않음으로써 자신을 벌주는 것이 아니냐고 의문을 품었다.

그러나 인간이 성장해서 실재 자아가 생각들을 지도하기 시작하자 비로소 자신을 방해하고 또 그로 하여금 현재의 소유물에 불충분한데도 만족하라고 강요하고 있었던 것은 단지 자신만의 연약한 성격과 지성일 뿐임을 알 수 있었다.

그리고 그가 이런 점을 깨닫고 나자 비로소 지식과 이해가 들어 있던 능력이 드러날 수 있었고, 그는 이 능력을 발휘하고 또 조절해서 고귀하게 쓸 수 있었으며, 고귀한 쓰임새로만 그 능력이 허락되고 의도되었다는 점도 깨닫기 시작했다.

그리고 이런 지식과 함께 점차 더 고귀한 능력은 이기심이 그를 지배하는 한 펼쳐질 수 없고, 이기심은 더 먼 옛날의 악마와 어떤 식으로든 명확하게 관련돼 있다는 깨달음도 생겼다.

바로 이때 인간은 자신의 고차적 자아의 이끎에 의식적으로 응답하고 이기심을 통제하고 극복하려고 노력하기 시작했다.

이 과정에서 그가 자아의 목소리에 굴복할 때는 언제나, 걱정·실패·부조화·고통이 초래됨을 알았다.

그가 이런 점을 알고 부정적인 것들을 피하고자 했을지라도, 그의 내면에는 언제나 완전한 통제를 지속하려 애쓰는 숨겨지고 끈덕진 이기심에 그로 하여금 굴복하게 하는 더 강한 무엇이 있었다.

따라서 그는 자기의 가장 큰 적은, 그런 이기심 때문에 어쩌면 그가 피해를 줬거나 사기 쳤던 타인이 아니라, 자기 본성의 저급한 양상과 유사한 내면의 어떤 것임을 인식하게 되었다.

그가 이기심의 목소리에 귀가 솔깃해 자신의 고차적 자아인 내 목소리에는 귀를 닫을 때, 그의 고차적 본성이 다시 현시해서 그가 형제자매에게 저질렀던 잘못을 회개해야 한다고 지적하면서 그가 내면의 내 목소리를 들을 수 있게 될 때까지 그를 고통받게 한다는 점에서, 이기심은 언제나 손해를 가져다주었다.

그다음에 그가 뭔가 이기적인 행동을 취하려고 생각할 때마다 그런 행동을 부추기며 수단과 방법들을 제시하는 목소리가 외부에서 자신의 마음으로 쇄도해 밀려들고, 이것은 자신이 타인의 생각과 외부세력에 영향받고 있다는 점을 나타내며,

만일 그가 이것들에 귀가 솔깃해 굴복하면 그와 다른 사람들을 파멸로 몰아붙일 준비가 되었음을 의미한다는 것을 그는 점차 의식하게 되었다.

이제까지 인간은 악의 **원인**이 자기 속에, 즉 보통 근본적으로 이기심을 지닌 성격의 약점이나 결핍에 있다는 것은 알았지만, 악의 근원이 정말로 자기의 외부에 있다는 점은 아직도 체득하지 못했다.

왜냐하면 악은 원래 내 안에 있지 않고 내 마음이 인간에게 있는 유일한 마음이긴 하지만, 자아가 분리된 인간 마음에서 언제나 통로를 찾고 있는 어둠의 세력들이 내보낸 열망과 생각들로 악은 부추겨지고, 그곳에서 마음이 어두워진 성질인 이기심은 제재받지 않고 지배하도록 허용되기 때문이다.

어둠이 빛을 싫어하듯 악은 진리를 싫어하고, 빛이 있는 곳이면 존재할 수 없다.

악은 진리의 빛에서는 현현하고 번성할 수 없어서, 이 세상에서는 생존을 위해 자신의 소유물을 얻어야만 한다.

그리고 이기심은 나와 분리되어 있다는 어두워진 분별력 때문에만 존재하고, 빛에 대항하는 적에 의해 고무된다.

인간이 내가 그의 유일한 자아요 그의 몸과 성격에서 살고 그것을 자라게 하며 자신의 삶을 지도하는 것이 바로 나의 마음·지성·의지·사랑임을 알고, 그가 기꺼이 나로 하여금 주관하게 할 때, 그는 진리를 발견했고, 빛이 들어오면 언제나 어둠이 사라져야 하듯 진리가 그를 자아의 힘에서 자유롭게 한다.

　바로 이런 사실이, 어느 때든 어떤 식으로든 비록 짧은 순간만이라도 자아가 통제하도록 허용될 때에만 그 적이 인간의 마음속으로 들어갈 수 있음을 입증한다.
　일단 자아가 받아들여져서 적의 교활한 제안에 귀가 솔깃해지고 나면, 적의 의지가 성취될 때까지 적을 몰아내기란 거의 불가능하다.
　왜냐하면 그를 홀리는 이기심은 그에게 구실을 주어서, 그때 발견되는 이기적인 욕망과 열망을 충족시키고 조장함으로써 마음은 진리를 제대로 못 보게 되고, 그 후 자아의 요구를 채우는 것만을 추구하는 그 지경까지 그는 자신의 유독한 관념을 주입할 수 있게 되기 때문이다.

　그러면 그 적이란 놈이 누구며 어떤 인물인가?
　그 적은 다만 인간의 집단 이기심이 실체화된 형태요, 악의 두목들이 사유화한 인간의 낮은 본성의 사악한 생각과 열망이 막대하게 축적된 것이다.
　악의 두목들은 그들의 부추김에 의심하지 않는 앞잡이들이 그와 같은 사악한 생각과 욕망에 쏟아 넣은 팔팔한 힘을 훔치고 먹어치움으로써 거대해지고 강력해졌으며, 이윽고 이제 두목의 본성으로 흡수되고 편입된 인간 자신의 생명력을 통해 사람을 지배하는 직접적인 힘이 그들에게 부여되었다.

이리하여 두목들은 인간을 자신의 의지에 굴복시키기 위해 쉽게 이용할 수 있게 되었다.

그와 같은 악의 두목이 정말로 존재하는가?
그렇다, 사악한 인간이 확실히 존재하는 것처럼. 이런 사악한 인간은 사실상 자기 두목이나 자신들을 통제하는 어떤 외부의 힘도 의식하지 못하는 그들의 하인이요, 앞잡이요, 노예다.
사실, 모두가 그와 같은 두목들의 존재를 부인하거나 믿기를 완전히 거부할 것이다.
그래서 교묘하게 이 두목들은 개인적인 신과 추상적인 악마에 관한 엉터리 믿음을 사람들에게 주입함으로써, 인간의 이지적인 마음을 설득해서 속였다.
따라서 두목은 비열한 목적을 달성하기 위해 계속해서 그들을 조종하고 착취하려는 자신들의 선동에 솔깃해서 따르도록 존재의 내면 법칙에 대한 그들의 이해를 왜곡해왔다.

하지만 그대가 묻는다.
이런 악마의 두목들이 살아있는 사람인가, 아니면 선의 마스터들처럼 존재의 내적 수준에서만 존재하는가?

만일 그대가 선의 마스터들을 상상할 수 있다면 그대는 또한 이러한 악의 두목들에 대해서도 알 수 있다.
전자前者가 존재한다면 후자後者도 마찬가지기 때문이다.

전자를 주관하고 이끌고 영감을 주는 그리스도가 있듯이, 후자를 지배하고 이끌고 부추기는 반-그리스도도 존재한다.

자기 동료에 대한 사랑을 통해 자신의 고귀한 본성이 언제나 그리스도를 받들고 섬기도록 자신에게서 자아를 비워버린 자신의 사도들을 통해서만 그리스도가 지상에서 일할 수 있다.

마찬가지로 자기 동료에 대한 증오·질투·탐욕과 끊임없는 착취를 통해서 자기탐닉과 우월감으로 엄청나게 비대해진 탓에 그들의 더욱 저속한 본성이 이기심의 대표적인 본보기로 사용될만한 완벽한 도구가 돼버린 자신의 신봉자들을 통해서만 반-그리스도도 일할 수 있다.

존재의 내적 세계에서 일하면서 자신의 제자들에게 언제나 영감을 주는 선의 마스터와 악의 두목 둘 다 있다는 것 또한 사실이다.
그래서 이들 모두 인간의 몸에 있으면서 물질계에서 일하고, 내적 세계에 거주하는 그들 각자가 속한 **지휘자**의 의지를 수행하고 있다는 것 역시 사실이다.

마찬가지로 그들 각자의 **지휘자**Chief인 그리스도Christ나 반-그리스도Anti-Christ의 '삶을 살므로써' 권리를 획득했던 자들만이 자기가 섬기는 지휘자와 개인적으로 언제나 접촉하게 된다.
왜냐하면 그 지휘자는 언제나 배후에 머물러 있으면서 자신의 제자들과 도우미들을 통해서만 일하기 때문이다.

그 **지휘자**는 자신의 제자들이 충실하게 자신의 의지를 수행하기 때문에 그들을 영향력과 능력을 발휘할 수 있는 입지까지 끌어 올려 주었던 것이다.

악의 두목들 아래 의식적이거나 무의식적으로 일하는 자들은 항상 악에 고무되고 영향을 받지만, 반면에 그리스도의 깃발 아래에 있는 자들도 자아를 완전히 잊고 그들의 동료를 북돋기 위해서만 일하도록 영감을 받고 이끌린다.

모든 것이 중대한 법칙인 '위에서처럼 아래에서도, 아래처럼 위에서도'에 따른다.

선과 악은 상반된 극이므로 하나가 구현되면, 그 반대 역시 보완하기 위해 구현되어 힘의 균형을 맞춰야 한다.

하지만 선악 둘 다 언제나 변하는 무한한 실상에 대한 단지 인간의 개념일 뿐이며, 그 실재는 인간이 그걸 선으로 여기든 악으로 여기든 그 무엇에 의해서도 영향받지 않고, 영향받을 수도 없다는 점을 잊지 마라.

하지만 완벽한 조건이 발견되자마자 인간 육신을 입고 들어올 준비가 된 자가 비록 많긴 하지만, 자기 **지휘자**의 수준을 의식해서 현재 인간의 몸으로 일하고 있는 소위 선과 악의 **지휘자**는 비교적 소수만이 있다.

신성한 **법**을 따르는 선한 마스터들은 새로 태어난 유아의 몸으로 자연스럽게 들어와 다른 사람들, 즉 자신의 사도들을 배후에서 보호할 것이며, 반면에 악의 두목들은 기회가 제공되면 의도적으로 신성한 법칙을 어겨 유아의 영혼을 강제로 빼내고 축출하여 유아의 육신을 훔치거나 성숙한 육신에서 영혼을 몰아내 그 육신을 강제로 탈취한 후 그 영혼에 들러붙어 친구와 동료에게 그 영혼인 척한다.

가까운 장래에 이와 같은 일은 흔하게 발생할 것이고, 열망의 변덕, 강렬한 증오, 질투나 자기연민에 탐닉하는 행위, 끊임없이 잘못된 일을 도모하기, 다른 사람들에 대한 습관적인 비난에 굴종하는 모든 이에 의해 그런 일이 쉬워질 것이고, 그들은 언젠가 갑자기 육신이 없이 또 다른 세상에서 깨어날 것이다.

또한, 반-그리스도도 모든 것이 준비되고 그의 목적을 섬기는 사악한 세력들이 충분히 지상에 풀려나 그의 지시와 통제를 요구할 때, 그 모습을 드러낼 준비를 하고 있음을 알라.

왜냐하면 그는 악의 두목들을 훈련해 수천 년 동안 이것을 준비해왔고, 그 결과 그들의 지상 대리인들(거물급 은행가와 대부업 브로커, 산업신탁의 우두머리, 정치가, 언론사주, 믿지 못할 정부 직원들과 공무원, 그리고 오로지 자아만을 추구하며 망설임 없이 자신에게 방해되는 사람들을 무자비하게 쓰러뜨리는 혼이 없는 개인들)을 통해, 거의 어떤 실패도 없이 자신의 계획들을 신중하게 실행해왔기 때문이다.

이 사람들은 자신이 정말로 이런 악의 세력 통제 아래에 있음을 전혀 모른다.

비록 그들이 안다고 해도 그들에게 조장된 이기적인 본능에 습관적으로 복종함으로써 그들의 도덕적 기질이 너무나 약해져서 자신들을 지배하는 두목 세력에 저항할 힘이 거의 없을 것이다.

명령이 내려지면 이런 모든 인간 도우미는 자신이 너무나 오랫동안 섬겨왔기에, 이제 절대적인 복종을 주장하고 강요하는 반-그리스도의 기치 아래 싸우지 않을 수 없게 될 것이다.

하지만 은행가, 대기업 재벌들, 언론사주, 그리고 유사한 착취에 연루되었고, 소위 자본주의적 의식으로 양육되고 훈련받았기 때문에 잘못된 행위를 거의 의식하지 못하는 수천 명의 다른 고결한 마음가짐의 사람들은 어찌 될 것인지 그대는 묻는다.

이들은 현재로선 앞에서 말했던 그처럼 증명되지 않은 진술을 받아들일 수 없으니, 당연히 적 쪽에 있는 그들 동료의 편에 설 것이다.

그들은 어떻게 될 것인가? 악한 행위를 몰랐는데도 그들은 적과 함께 저주받고 파괴될 것인가?

그들이 몰랐다고 너무 확신하지 마라.

왜냐하면 자신이 잘못을 저지를 때, 즉 그가 자아를 이롭게 하려고 동료의 무지나 약점을 이용하거나 그것을 예방하지 않을 때, 모든 사람 속에는 그로 하여금 알게 하는 것이 있기 때문이다.

그 사람들이 신에 대항해서 저지른 죄를 충분히 깨닫지 못하거나 그들이 실제로 인간의 큰 적을 섬기고 있음을 모르긴 하지만,

머지않아 모든 사람이 들을 수 있게 진실이 이제 선언되고 있고 전 세계로 방송되고 있다.

곧 인류에게 닥쳐올 대환란이 점차 확대되는 틀림없는 보복적 성격의 폭력적인 모습을 보이기 시작할 때, 그런 사람들은 전에는 절대로 생각해본 적이 없었기에 생각해 볼 것이고, 진리 자체를 대단히 강렬하게 알고 싶을 것이며, 모면할 모든 가능한 방법을 구할 것이다.

그들은 먼저 교회에 의지할 것이며, 교회는 그들에게 십자가에 못 박힌 그리스도를 권유할 것이고, 교회가 그들을 구원해주리라고 말할 것이다.

그들은 심리학, 영성학, 여타 소모임cult에 의지할 것이나, 악이 그들 주변 곳곳에 온통 깔려 있어서, 악을 제외하고는 그 어떤 것도 보고 듣고 느끼고 따라서 생각할 수조차 없는데도 불구하고, "악은 없고 오로지 선만이 존재한다"며 최근 얼마 동안 적이 추종자들의 마음에 주입해왔던 늘 써먹는 상투 어구를 이런 모임들 대부분에서는 내밀 것이다.

이때가 바로 진실하게 진리를 탐구하는 이들을 도우려고 언제나 주시하고 있는 선의 마스터들 덕택에 이런 탐구자들이 이 선언들로 이끌리게 되고, 이제 그들이 진리로서 그 선언에 귀 기울이고 알아볼 준비가 될 시점이다.

자신이 누구를 섬기고 있었는지 인정하고 이제는 알고 나서, 언제나 자아와 자아의 모든 주장을 기꺼이 그리고 열렬히 포기하는 모든 자는, 그 대상에서 벗어날 방도를 안내받을 뿐만 아니라, 또한 안전한 장소로 견실하게 인도될 것이다.

이 모든 것은, 내적 세계에서는 이미 사실상 이겼으나 곧 물질계에서 시작될 아마겟돈 대전투를 예견하고, 동시에 이 글을 읽는 모든 이에게 그 전투에 대비하도록 알리고 있다.
적은 자신의 지지자와 함께 선한 세력들에 의해 가장 바깥쪽 경계인 물질 영역까지 쫓겨났기 때문인데, 이 영역에서 그들은 인간의 몸속으로 잠입함으로써 피난처를 삼을 수 있다고 여긴다.

그러나 그곳에서 그들의 존재는 단명하게 되어 있다.
왜냐하면 그 바깥쪽에서 극심한 전투가 곧 벌어질 것이며, 정의를 위해 싸우는 강력한 세력들이 빠르게 모든 어둠의 세력이 철저히 공개석상으로 나올 수밖에 없을 정도로 사태를 위기로 몰아넣을 것이다.
그러면 모든 사람이 어둠 세력들 그리고 그들에 대항해서 싸우는 세력을 알아볼 수 있게 되고, 그 후 영원히 악마의 실체를 알아보게 될 것이기 때문이다.

그리고 그 전투가 공개적으로 벌어진다는 바로 그 사실 때문에 빛의 세력들이 이기게 되어 있다.
어둠이란 낮의 강한 빛에서는 존재할 수 없기 때문이다.
그래서 이 악의 세력들은 자신의 모든 생명력과 힘을 어둠에서, 특히 악의적으로 계속해서 기만하는 인간의 어두워진 마음에서,

그리고 그들의 신성한 본성 즉, 그리스도의 마음과 하나됨에 대한 무지에서 뽑아낸다.

그러나 이들은 신성한 이해의 빛이 인간의 의식 속으로 쏟아질 때 방향을 틀 것이고, 그들의 본성인 바로 그 파괴성 때문에 무엇도 남지 않을 때까지 서로 파괴하기 시작해서, 그들의 영혼은 그들이 나왔던 혼돈과 어둠 속으로 사라지게 될 것이다.

그러나 이것이 나의 웅대한 계획에 들어있지 않다거나 반-그리스도와 그의 모든 지지자가 지금 완전히 나의 완벽한 통제하에 있지 않다고 생각하지 마라.

사람이 한 치의 잘못도 없이 선과 악을 구별하는 법을 체득할 수 있는 훈련과 본보기를 내가 제공하는 방법은 바로 그와 그의 반대 세력들을 통해서이기 때문이다.

악의 과일을 맛보고 포식하고 나서야(악의 창조자인 자아에서 비롯된 이기적인 탐닉의 한계점까지 배우고 이끌리고 나서야) 인간은 선과 악을 참으로 구별할 수 있으며, 자아의 어리석음과 공허함을 체득해서 마침내 '돌아온 탕자'로 깨어나고, 외부 세상의 껍데기를 쫓느라 팽개쳤던 부모의 집과 부모의 식탁의 유익함과 풍성함을 염원하게 되고, 부모의 나라로 돌아가는 귀향의 여정을 시작하게 되는 법이다.

이 생애에서 자신의 영적 본성을 자각하지 못한 이들은 또 다른 기회를 위해 길고도 긴 세월을 기다릴 수밖에 없다.

왜냐하면 나는 그들을 천국에서 사람들의 한가운데로 내려오고 있는 빛과 사랑의 나라로 이끌려고 의도했지만, 내 목소리에 귀 기울여 왔던 내 자녀를 위해 내가 준비해둔 경이로운 새로운 시대 동안 그들은 지상으로 돌아올 수 없기 때문이다.

천국

그대는 천국이 그대의 내면에 있다고 들었고, 다수가 그 진술을 그렇다고 받아들였다.

하지만 그 진정한 뜻(내면에 어떻게 그리고 내면 어디에, 그리고 그것을 어떻게 찾아낼 것인가?)을 밝히고자 이제까지 목적을 지니고 조사하며 쉼 없이 노력했던 자가 몇인가?

의심의 여지 없이 잘 알았으며, 자신이 사용했던 그 능력으로 뜻대로 안팎으로 넘나들 수 있었던 한 사람에 의해 많은 비유로 설명되었는데, 그 사람은 그 능력을 자기가 아니라 자기 내면의 나라에 거하는 신에게서 기인한 것으로 돌렸다.

이 책의 다른 곳에서도 신의 나라는 가슴 속에 있다고 언급했다. 하지만 그게 신체의 심장 안을 의미하는 것이 아니다.
그러면 뭔가?

무릇 심장이라 할 때 뭔가의 중심이 돼야 하듯, 그 진술은 그것이 틀림없이 신의 나라가 인간의 가슴 속에 있다는 것을 암시한다.
그것은 틀림없이 자기 존재의 핵核에, 내면 깊숙이 있다는 것을 의미하고, 물론 그것은 신체를 의미하는 것이 아니라 훨씬 더 깊숙한 내면의 어떤 것을 뜻한다.

인간 내면의 존재로 진입하는 유일한 통로는 틀림없이 마음이다. 이 주제에 대해 진정으로 무엇이든 사유해봤던 대부분의 사람이라면 천국이 틀림없이 마음속 의식의 상태라고 흐릿하나마 인식했다.

그것이 확실히 의식의 상태이긴 하지만, 그것은 마치 그대가 자신의 집안으로 여러 방을 통과해 바로 중앙에 있는 안방으로 들어가면, 거기서 밀실을 발견하고 세상에서 그대를 단절시켜 그곳에서 공부와 작업을 위한 사생활과 고요를 발견할 수 있듯이, 분명하고도 확실히 의식에서도 그런 곳에 들어감으로써 도달할 수 있는 마음속의 바로 그 상태다.

많은 창문과 문들이 있는 원형의 아주 큰 집을 상상해보자.
이 집의 방들은 당연히 여러 계층이 있다. 즉, 바깥문들을 통해 들어가는 외부의 한 계층이 있고, 그 외부와 연결된 두 번째의 계층이 있고, 그것과 연결돼 중앙에 작은 방을 에워싸고 있는 세 번째 계층이 있다.

이제 이 집을 인간적 자아 또는 개인적인 의식이나 자아의식에 장소를 제공하는 그대의 일부라고 생각해보자.
그 의식은 그대의 육체·감각·감정·느낌·욕망·생각·믿음·견해와 관련되어 있다.
한편 사물과 조건과 타인에 대한 그대의 모든 개념이 거주하는 자신의 외부 영역에 관련된 의식의 부분을 그대의 물리적이거나 물질적인 세계라고 간주해보자.

　물론 각자에게는 타인과 다른 세계가 있다.

　왜냐하면 각자 자신을 둘러싸고 그의 관심을 끌어들이는 것들에 대해 다른 관념들이 있기 때문이다. 한 사람에게 어떤 관심사는 다른 사람에게는 전혀 관심의 대상이 아니어서 타인의 세계에는 없다.

　만약 우리가 이 집을 그대의 자아의식을 구성하고 있는 것으로 여긴다면, 다양한 방들은 자아의식의 다른 상태임이 틀림없다.

　바깥쪽에 있는 계층은 물론 물리적 의식이라 칭해질 테고, 그것을 외부의 의식세계와 연결해주는 다섯 개의 문이 있는데 시각·청각·촉각·미각·후각의 문이라 칭해진다.

　이 문들을 통해 외부에 있는 물리적 세상에 대한 모든 감각이 그대에게로 들어온다.

　이번에는 다음 계층을 각각의 높낮이에 따라 그대의 욕망·감정·열망에 장소를 제공하는, 어떤 이는 이것을 아스트랄계라 하고 또 어떤 이는 욕계라 칭하는 내면의 의식영역이라고 간주해보자.

　그대는 이러한 의식 상태를 연구했던 사람들이, 이것은 마음속에 실제 세계를 구성하고 있으며, 물리적 몸(미네랄, 채소, 동물, 인간)을 지닌 모든 것들과 또 원래부터 물리적 몸을 지니지 않은 채 이 나라의 위아래에 있는 어떤 것들이 속해 있는 아스트랄체나 욕망체가 이곳에 자리 잡고 있다고 명확하게 진술한 내용을 읽은 적이 있다.

그리고 모든 세계가 그 속에 그 세계 특유의 물질로 구성된 몸체를 틀림없이 지니고 있다고 받아들이는 것이 합당하다.

마찬가지로, 의식의 멘탈계에 대응하며, 어떤 성질의 것이든 그대의 모든 생각·개념·발상에 장소를 제공하는 더 작은 수많은 방이 있는 그다음의 내적인 계층을 가정해보자.

하지만 위의 진술과 완벽하게 일치하도록 유추하자면 물질계·아스트랄계·멘탈계에 대응하는 그 세 가지 큰 계층마다 의식 영역을 각각 일곱 개로 높낮이에 따라 나누고 분류하는 더 작은 계층이 있다.

그리고 모두가 잘 배열되어있어, 물질계의 가장 높은 층이 특별한 통로에 의해 아스트랄계의 가장 높은 층과 연결되고, 그다음 멘탈계의 가장 높은 층과도 연결된다.

그리고 마찬가지로 가장 낮은 곳까지 여섯 개의 다른 등급도 각각 연결되고, 가장 낮은 것은 각각 높은 계층의 가장 외부에 있고, 가장 높은 것은 가장 안쪽에 있다.

그러나 여기서 우리는 구면체球面體로 봐야 적절할 터인데 원형의 집 형태로 묘사하려고 노력하고 있음을, 3차원의 관점으로는 참으로 설명될 수 없는 4차원의 의식을 다루고 그것으로 진입하고 있음을 또한 잊지 마라.

예수가 자신의 사도에게 신의 나라를 설명하려고 했을 때, 그들의 인간적인 마음이 이 심오한 상태를 힐끗 보기 위해 고양될 수 있도록 여러 우화를 사용해야만 했던 것처럼, 여기서 사용되고 있는 말들과 그 말들이 만들어내는 그림들 이면의 의미를 파악하기 위해서는 단순한 두뇌의 지력 이상의 것으로 읽어낼 필요가 있을 것이다.

우리는 이렇게 마음속으로 들어감으로써 존재의 핵으로 가는 여정에서 마주치는 다양한 의식의 상태와 영역을 묘사하려고 노력해 왔다.

그대는 자기 내면의 물질계·감정계·멘탈계에 대해서 알고 있지만, 아직 그 집의 주인이 거주하는 밀실이자 성역인 '내면의 방'을 통찰하지 못했다.

이 방은 오직 하나의 문을 통해서만 진입할 수 있는데, 주인 자신만의 명령에 따라서 언제나 열리고 닫히는 문이다.

이 '내면의 방'을 영혼의 성역, 즉, 외부 영역의 감각·감정·욕망·생각 그 어떤 것도 진입이 허용되지 않는 집주인인 실재 자아의 성역이라고 간주해보자.

그러나 그 주인은, 다른 층들과 영역들을 분리하는 그 벽들의 특이하고 투명한 성질 때문에(왜냐하면, 그것은 분리된 마음이라는 인간의 이해로 지어진 오로지 상상의 벽이기에), 그 벽들을 항상 꿰뚫어보고 진행되는 모든 일을 명확하게 볼 수 있으므로 항상 다른 방들에 존재하는 모든 것을 완전히 잘 알고 있다.

　마찬가지로 그는 단순히 그들의 의식으로 들어감으로써 다른 방들을 뜻대로 출입할 수 있고, 그러면 의당 즉시 그는 그 방에 이르게 된다.

　그 집은 우리가 개성을 설명하기 위해 마음속으로 그려본 모습임을 잊지 마라.
　즉 개성은 개별 자아에 관한 다양한 감정과 생각에 영향을 끼치는 결합의식이며, 그 의식은 그대가 생각하는 것을 따로따로 자신의 마음으로 형성하고 있는 여러 층들(의식의 영역이나 세계)의 여러 방들(의식의 상태)에 수용되고 있다.
　또한, 이와 같은 마음으로 그대가 의식하고 있는 그대의 세계는 자아라는 집이 없이 형식적으로 존재할 뿐이고, 그대인 모든 것과 그대가 보고 아는 모든 것이 그대의 의식에서만 존재할 뿐 그 외 어디에도 존재하지 않음을 입증한다는 점을 잊지 마라.

　이제 자아의 이 집은, 그대가 에덴동산(자아의 집과 외부의 세상은 그대의 의식을 상징하고, 부모의 집과 정원은 부모의 의식을 상징한다)에 있는 그대 부모의 집에서 외부로 향한 여행을 시작해, 처음 그대 자신이 그들의 의식에서 분리되었다고 생각하기 시작한 이래 오랜 영겁의 세월 동안 그대에 의해 만들어졌음을 깨닫도록 하라.
　이런 분리의 생각이 그대의 마음에 하나의 개념이 되었고, 시간이 흘러 자아에 관한 그대의 모든 다른 생각과 더불어, 그대 의식의 핵을 둘러싸서 그대의 멘탈체를 형성하게 되었다.

그런 뒤에 이런 분리의 감각이 그곳에서 그대에게 더욱 현실화되었을 때, 의식의 영역이 성장해서 그대 주변에 겹겹(겹겹의 층)처럼 보이는 그대의 멘탈계를 형성하게 되었다.

이후에 마찬가지로 그대는 의식에 자신의 멘탈체 주위에 땀을 흘려 생존을 꾸려가는 체험을 맛보던 그 초기 단계의 모든 욕망·감정·느낌·열망·두려움·사랑·증오로 구성된 욕망체, 즉 아스트랄체를 만들었고, 그것에다 그대를 둘러싼 다른 의식의 핵에서 유사한 욕망과 감정들을 포함해서 그대의 아스트랄계를 형성했다.

그다음에 이런 것과 훨씬 더 진전된 생각과 욕망이 충분히 그대의 의식에 구축되었을 때, 그것들은 점차 그곳에서 결정화되었고 각각 견고한 별개의 형태를 보이게 되었으므로 육체와 물질체에 대한 그대의 개념이 출현했으며, 그것들이 살아 움직이고 그들의 존재가 있는 것처럼 보이는 물질계를 탄생시켰다.

그러나 이 모든 다양한 육체·멘탈·아스트랄·물질은 그것들이 외관상 구현된 세계와 더불어 오로지 그대 마음의 자아의식에만 존재하는 개념이었을 뿐이다.

그런데 그 자의식은 그대 자신을 부모 의식과 분리된 것으로 생각함으로써, 이제 다른 모든 것도 똑같이 그 자체 속에 분리된 형태나 상황으로 상상한 결과, 욕망이 이들을 자극할 때 그들 자신을 아스트랄 질료로, 나중에 때로는 물리적 질료로 구현하게 된 것임을 잊지 마라.

이제 그대의 신인 내가 그대 집의 작은 '내면의 방' 속에 있는 주인임을 깨닫도록 하라.

현재로선 그대가 '**자신**'이라고 생각하는 것이 그 집안에 있는 모든 다른 영역 또는 계층들 속에 있는 모든 방이나 상태의(그대가 아직 들어갈 수 없는 '내면의 방' 바깥이거나 그것들을 둘러싼) 결합의식이긴 하지만, 그 집의 작은 '내면의 방'은 내 마음의 일부다.

왜냐하면 그 방들에 거주하는 모든 관념·생각·개념은 그대가 오랜 영겁 동안 그대 자신을 나와 분리한 이래로 그대가 구축해온 의식의 다양한 상태를 구성한다는 점을 잊지 마라.

그러므로 그대는 우리가 **내** 마음의 인간 부분이라고 부를 수 있는 것, 즉 여전히 자신을 나와 분리된 것으로 생각하는 그 부분임이 틀림없다.

왜냐하면 마음은 생각하는 대로 되기 때문이다.

하지만 **나만이 존재한다**는 것을 알라.

그대 의식 속에 다양한 방들과 각각 다른 생각·관념·욕망·감정 상태들이 그대의 마음과 의식의 부분이며 핵核이듯이, 그대 마음의 집은 내 마음의 부분이며 핵임이 틀림없다.

만일 그대의 마음이 내 마음의 일부고, 그래서 그대가 내 의식의 한 핵이라면 그대는 나와 분리될 수 없고, 그대가 일부인 내 의식에 참여할 수 있어야 하고, 나와 하나가 되어야 한다.

왜냐하면 나는 그대가 걸어 들어와서 나를 맛볼 수 있게 그 문을 열 것이며, 그대 또한 나인 모든 것이 될 수 있고, 나에게 있는 모든 것이 그대가 쥐기만 하면 그대의 것일 수 있기 때문이다.

그대는 내 의식 속에 있고 내 의식의 일부다.

그러므로 어떤 분리도 있을 수 없고, 그대는 자신과 내가 **하나임**을, 언제나 **하나**였고 항상 **하나**일 것임을 **알 것**이다.

이것들에 관해 생각하고 그 진리를 **알라**.

이제 우리와 함께 여기까지 온 사람들만을 위한 비밀을 말해주겠다.

그 '내면의 방'은 마법적인 장소며, 그것은 그대가 찾으라는 말을 들어왔던 신의 나라로 들어가는 입구다. 그것은 참으로 그대를 내 의식 속으로 허용하는 문이기 때문이다.

그리고 일단 진입하면 외부에서는 작아 보였던 그 방이 실상 겹겹의 층을 통해 엄청난 경이와 영광이 모든 단계에서 스스로 펼쳐지며 무한히 안에서 확장됨을 알게 될 것이다.

왜냐하면 여기서 그대는 이제 나와 분리되지 않고 의식적으로 하나며, 내 의식이 그대의 것이고, 내 의식에 들어있는 모든 것이 또한 그대의 것이기 때문이다.

그리고 여기서 그대는 분리된 의식으로 볼 때 바깥세상의 모든 모습이 반영에 불과했다는 또 다른 비밀을 터득하게 된다.

외관상 외부에 있는 모든 것이, 사실은 내면의 영광스런 실상이 딱하게도 왜곡되어 비친 것이요, 무지 때문에 어두워지고 잘못 만들어진 그림자요. 그대의 영혼이 그토록 오랫동안 그대를 이끌고자 애써왔지만, 그대가 물질세계에서는 외부에서 구해야 한다고 주장했던 그 실상의 반영임을 터득하게 된다.

왜냐하면 그대가 바깥세상의 밤에 어두운 하늘을 쳐다보고, 그곳에서 반짝이는 무수한 세계와 우주를 힐끗 볼 때, 이제 그대는 그 광경이 내 의식의 나라에 있는 여러 아름다운 저택 속의 어두워진 인간 마음에 빛을 발하고자 애쓰며 반짝이는 모습을 반영하는 것에 불과하고, 진실로 나를 찾고 내 자녀를 내 자녀의 의식이 나에게로 이끌 때까지 내 자녀의 의식에서 내 **말**이 주관하게 할 때를 기다리는 모습을 반영한다는 것을 이해할 수 있기 때문이다.

그대는 "그런 **천국**으로 이르게 하는 그 '내면의 방'을 어떻게 내면에서 구하며 찾아낼 수 있을까?"라고 묻는다.

위에서 묘사된 여러 영역을 통해 내면의 마음으로 날마다 끊임없이 **상상**하고, 그 '내면의 방'에 있는 자신을 진아며 그대의 고차적 자아이자 그대의 신인 **나**로 그려봄으로써.

또 깨달음에 관한 그대의 소망과 노력에서 비롯된 바로 그 힘이 나로 하여금 그 문을 열게 하고, 따라서 애초에 그대의 것이었던 그 의식과 **본향**으로 그대를 허락할 수밖에 없게 만들 때까지 내가 생각하고 말하고 행동하리라고 상상하는 대로 그대가 생각하고 말하고 행동함으로써.

왜냐하면 아주 긴 세월 동안 나는 그대의 역할로 구현해내려는 그런 소망을 기다렸고, 이런 것이 바로 내가 그 문을 닫아두고 나를 찾아내려는 부단한 노력에 응해서만 문을 여는 이유다.

내가 그대의 내심內心과 외심外心 모두를 항상 아는 것이 아니며, 그대가 어떤 의식 수준에 있는지 알 수 없다고 생각하는가?

내게는 자아의 벽들이 존재하지 않으며, 나는 인간의 은밀한 욕망을 바로 꿰뚫어 어떤 동기가 지배하는지, 특히 내적 자아의 집에서 무엇이 자아를 추구하도록 부추기는지 쉽게 알아볼 수 있다는 점을 잊지 마라.

내 자녀여!

나를 찾아낼 정도로 의식 속으로 깊숙이 꿰뚫을 수 있게 할 오직 하나의 동기가 있을 뿐이며, 그 동기는 그대 내면과 모든 인간 내면의 그리스도인 나를 섬기고자 하는 소망과 갈망이다.

그리고 그 열망이 그대에게 첫 번째가 되었고, 그대 삶의 최고 동기일 때 나는 그대가 다가오고 있는 것이 보일 뿐만 아니라 간절히 지켜보며 그대를 돕고 자극하기 위해 내 사랑을 보낸다.

환상의 영역이라 불리는 욕계에 있는 마음의 집 두 번째 층의 방으로 그대를 이끌어 여전히 자아가 지배하는지, 그대가 아스트랄 감각의 유혹으로 정신이 미혹되는지 알아보고,

그런 다음 학습의 전당이라고 명명된 멘탈계 속으로 이끌어 그곳에서 얻어지는 경이로운 지식으로 그대를 유혹해 지성이 그대를

탐구에서 꾀어낼 수 있는지 확인해보는 한동안의 검증 후, 만일 이런 것이 그대의 탐구를 멈추게 하지 않으면, 나는 그대 가슴의 나라에 내 참된 본성 일부를 보여주고 내 신성한 사랑 일부를 쏟아 부을 정도로 넓게 그 문을 열 수 있다.

그리고 그런 일이 일어날 때, 그대는 그곳에서 나를 느끼기 시작하지만, 그것이 나임을 아는 정도는 아니고, 처음엔 그대를 통해 다른 사람들을 도와 축복할 수 있도록 그대를 다른 사람에게로 이끎으로써 출구를 찾고 있는 내 사랑만 느낀다.

그리고 다른 사람들이 그대에게로 왔을 때, 그대는 그들을 돕고자 하는 엄청난 갈망으로 그것을 느낀다.

이런 식으로 나는 점차 의식에서 그대를 자기 존재의 핵으로 이끈다.

그리고 그곳에서 언젠가 그대는 '내면의 방'을 발견하게 되는데, 그게 바로 그대의 가슴이다.

그리고 그대는 이제 그대에게 가슴이 있음을 알고, 그것이 참으로 가장 놀랍고 가장 중요한 부분임을 안다.

왜냐하면 그곳에서 삶의 핵심적인 모든 것들이, 그리고 가장 핵심적인 부분인 남들을 돕고자 하는 힘이 나오기 때문이다.

그러고 나면 어느 날 갑자기 그대는 벼락같이 '사랑이 무엇인지'를 (사랑이 신이며, 그리고 그대가 가슴으로 느끼는 것이 바로 그의 현존임을) 깨닫는다.

그때 그대는 가슴에서 나오는 사랑이 신의 생명이요, 그대의 생명이요, 그의 삶과 그대의 삶이 분리될 수 없으며, 가슴에서 그대가 신의 사랑을 의식하는 것을 통해 그대가 그요, 그가 그대니, 그대들이 **하나**임을 안다.

그런 후 그대가 의식적으로 가슴을 열어 사랑을 내보내는 법을 체득해가면서, 사랑이 그대를 통해 방사되는 마법적이며 놀랍도록 밝은 빛임을 알게 되고, 그대의 인간적 마음에서 온갖 안개와 그림자가 걷히게 되며, 내 눈을 통해 볼 수 있고, 내가 그대로 하여금 알기를 바라는 모든 것들을 내 이해로 알 수 있게 된다.

그리고 사랑이 이런 식으로 그대에게서 퍼져 나갈 때, 사랑은 언제나 그대보다 앞서서 그대에게 오는 사람들의 영혼에 스며들어, 내가 그대를 통해 하는 말들이 그들의 마음에 거점을 확보할 수 있도록 그들의 가슴도 똑같이 활성화하고 일깨워서, 그대에게서 나오는 사랑에 대해 그들이 느껴지는 응답을 통해 자신의 가슴 속에서 나를 인식하게 한다.

따라서 내가 인간이라는 채널을 통해 내 사랑을 사람의 가슴 속으로 쏟아 부어 내가 이전에 거기에 마련해둔 심지에 불을 붙일 수 있을 때, 그들 역시 내면의 나라를 힐끗 보고 그리스도인 내가 세상에 와서 모든 사람을 비추는 빛임을 증명한다.

지금 나는 신의 나라로 가는 길이 가슴의 문을 통해 내면의 그

작은 '내면의 방'으로 가는 것임을 보여주었다.
　오로지 애정 어린 섬김만이 그 문을 열어 그대를 허락하고 그대가 뜻대로 넘나들 수 있게 할 것이다.

　나는 지금 신의 나라에서는 사랑이 하나이자 유일한 삶이며, 거기에 거하는 모든 생명이 강인하고 아름다운 영혼으로서 숨쉬고, 흡수하고, 먹고, 세운다는 점을 말해주는 것 말고, 그 나라에서의 경이로운 삶에 대해 더는 거론하지 않겠다.
　바로 그 사랑이 진실로 그곳에서 모든 활동에 생명을 불어넣고 영감을 주고 지도하는 활기찬 힘이다.
　그곳에서 만물은 내 의식에 지속적으로 거하면서 나인 모든 것과 나에게 있는 모든 것을 자유로이 받는다.
　그리고 그대에게 하늘에서처럼 땅에서도 그들이 자신의 전 존재를 사랑으로 하여금 주관하고 충만하게 할 때, 나는 그들을 통해 내 의식의 모든 세계와 영역에서 더 많이 일하는 것이 가능해진다.

　과거에 신의 나라를 발견했고, 나에게 이르는 길을 보여주기를 갈망하고 염원하고 있는 수많은 사람을 일깨우는 걸 돕기 위해, 지금 여기에 와있는 수많은 사람이 오늘날 세상에 존재한다.
　그들은 청했고 구했고 두드렸던 사람들의 부름에 응하도록 내가 보낸 자들이다.
　왜냐하면 청하는 자 받을 것이요, 구하는 자 찾을 것이요, 두드리는 자에게 문이 열릴 것이라고 내가 약속하지 않았던가?

하지만 나는 내가 준비해온 채널을 통해서만, 자신을 비우고 이제 오직 섬기기 위해서만 삶을 사는 자들을 통해서, 내 지구의 자녀에게 오로지 봉사할 수 있다.

그들은 고차적 나라 출신이고, 여기에 와있으면서 실제로 요즘 많은 사람의 의식 속에 천국을 지상으로 가져오고 있는 **영적 대백색형제자매단**이다.

그들은 나의 축복받은 자요, **형제자매단의 선구자**며, 곧 지상에서 구현해내고 살고 일하고 주관할 것이며, 지구를 천국으로 끌어올릴 존재들이다.

지구와 천국이 위대한 실상에서 그러하듯이, 모든 사람에게 그 둘이 이제는 분리되지 않고 하나로 보이리라.

옮긴이 덧붙이는 글_음식과 건강

　주변의 많은 분이 지금은 육식하지 않고, 밥을 잘 먹고 있으니 건강식을 하고 있다고 오해하고 있는 현상에 접하여, 그것에 관해 우리가 탐구한 정보를 공유하여 이 땅의 구성원들에게 먹을거리에 관련한 진실을 인식하는 기회로 삼고 싶습니다.

　서적 「내일의 신」에서 "제대로 먹어라. 너희는 자신이 섭취하는 음식으로 자기 마음을 둔감하게 하며 몸을 죽이고 있다. 그 영향은 느리고 잠복하는 성향이 있다. 너희는 그 영향이 실제로 발현될 때까지 그 일이 진행됨을 알지 못하다가, 나중에 그것을 되돌리려 할 때 그건 대단히 어렵다."라고 언급합니다. 특히 '단기적 욕망', '지나친 것'에 관한 경고를 하고 있습니다. 그럼에도 '고기와 단팥빵'을 자신의 제사상에 올려달라는 어느 분의 표현은 '단기적 욕망'을 쫓고 있는 우리 자신의 모습을 상징적으로 보여줍니다.

　과지방의 해로움은 알고 있어서 이제는 많은 분이 육류에 관한 경각심이 생겨서 다들 조심하지만, 그래도 고기 먹어야 힘이 생기고, 사골이나 우유를 많이 먹어야 뼈가 튼튼해지며, 좋은 단백질을 먹으면 훨씬 몸이 좋아지리라는 기대로 기회가 되면, 특히나 회식 때에는 고기를 먹는 것이 일상화된 실정입니다. 게다가 과거에 가난해서 못 먹은 한에 관한 반대급부로 자녀에게는 육류 등을 마음껏 먹게 합니다.

　이런저런 방식으로 과잉 섭취한 단백질 때문에 몸은 빨리 성장하고 튼튼해지는 듯하지만, 알다시피 몸은 영양분을 단기적으로 글리코젠으로 저장해 쓰고 소비하고 남는 열량을 장기적으로 중성지방, 즉 비계로 저장하기에 이것이 계속되면 비만에 이르게 됩니다. 사실 단백질은 1일 필요량만 있으면 됩니다.(1일 단백질 필요량도 과대 포장되어 있음) 그것도 식물성 단백질로도(필수 아미노산에 관한 정보도 직접 조사해 보시길.) 충분합니다.

　어떤 단백질을 먹어도 장에서 아미노산으로 분해해서 간에서 다시 몸에 필요한 단백질로 합성하기에 사실상 더 좋은 단백질이 몸에는 무의미한 것입니다. 고단백 특히나 동물성 단백질은 고高산성 식품이기에 체액의 농도를 맞추기 위해 알칼리원소인 뼛속(특히 치아)의 칼슘을 빼내므로 치주염·골다공증·관절염·통풍 등을 유발합니다. 또 쓰고 남은 열량은 더는 저장할 곳이 부족해지면 중성지방으로 피에 남아 피가 끈적해지는 고지혈증(대부분 의사는 이 증세를 자세히 이야기하지 않고 다만 조심하라고만 합니다만, 이 증세가 여러 요인의 결과이기도 하지만, 실제로는 이 증세에서 혈관계 질병 대부분이 시작되는 아주 심각한 증세입니다. 이 상태에서 좀 더 증세가 악화해야만 의료기관에 돈벌이가 된다고 볼 수도 있습니다.)이 되면서, 처음에는 몸의 이상 증세가 가끔 일어나기 시작(각자의 몸 상태에 따라 나타나는 현상이 다양합니다.)하면서, 동맥의 벽에 기름찌꺼기를 형성하여 고혈압, 협심증, 심근경색증, 중풍, 혈관성치매, 치아 문제, 골다공증, 관절염, 통풍, 류머티스, 백내장, 신장염, 담석증, 동맥경화, 부종, 요통, 피부노화를 일으킬(대부분 병의 원인임) 수 있습니다.

　그러니 튼튼한 뼈와 맑은 피를 유지하려면 단백질 섭취를 절제할 수 있어야 하고, 칼슘을 잘 섭취하여 원활한 '칼슘 대사작용'

(몸에 중요한 이 칼슘을 제대로 섭취하기가 쉽지 않습니다. 이것도 깊은 공부가 있어야만 합니다. 칼슘이 풍부하다고 알고 있는 우유, 설렁탕, 멸치 등에서 칼슘 섭취는 거의 어렵습니다. 오히려 뼈의 외형은 커지지만, 단백질과 나트륨 등의 과다 섭취로 뼛속의 밀도가 줄어들어 골다공증이 진행됩니다.)을 돕는 게 중요합니다. 또 몸에서 자동으로 필요한 양만큼 정확하게 만들어지고 있는 콜레스테롤은 사람의 몸에 꼭 필요한 성분이지만, 칼슘이나 단백질을 섭취하려고 먹는 동물성 식품에 있는 동물 단백질이 반드시 함께 섭취되어 피에 고지혈증을 일으키는 데 일조하는 것입니다.

그러면서 이런저런 요인으로 혈중에 인슐린이 충분히 있어도 결국 포도당을 세포로 전해주는 역할을 제대로 하지 못하는 현상인 '인슐린 저항성'이 생기면서 일명 '대사증후군'(병증은 있지만, 인과가 명확하지 않거나 복잡할 때 증후군이라는 표현을 씁니다.)이 시작되는 것입니다. 얼마 전까지 성인병(비만·동맥경화·고혈압·고지혈증·당뇨·지방간·골다공증·치매 등)이라고 불리던 병은 제대로 탐구해보면 거의 먹는 것에서 비롯됩니다. 그래서 이제는 어린 나이에도 걸리기에 성인병이라고 부르지 않고 '식생활습관병'이라고 합니다.

이처럼 우리가 관찰한 먹을거리에 관련해 나타나는 현상을 살펴보면, 처음에는 육류섭취에서 시작해 단백질 선호(특히 고단백)로 나아가고, 그다음 대부분 자신이 육류섭취를 잘하지 않기에 건강식을 하는 것으로 착각하는 탄수화물중독(당중독)에 이르더군요. 개인마다 차이는 있지만, 이때부터 인슐린 저항성이 시작되어 발생하는 저혈당·비만·고지혈증·동맥경화·고혈압 등 다양한 병증이 드러나기 시작합니다. 그러니까 건강에 해로운 고기를 적게 먹고 건강식이라고 여기는 밥(당류)을 주로 먹기 시작할 때가 실제로는 악화한 순환체계가 병증을 막 드러내기 시작할 때인 셈이지요. 지방과 단백질을 섭취하다 '단기적 만족'의 효과가 빠른 탄수화물(당)로 바뀌면, 대부분 육류를(거의 무의식적으로) 멀리하기에 건강한 식사를 하는 것으로 착각하기 때문입니다.

이때 공통으로 나타나는 현상이 식후 3시간 정도 지나면 간에 임시 저장된 글리코젠 분해 문제로 저혈당 상태가 되면 공복감을 느끼게 되고 먹을거리를 의식적이든 무의식적이든 배고프다고 찾습니다. 대부분 인체에서 가장 복잡하며 에너지를 많이 쓰고 포도당을 언제나 공급받아야 하는 뇌는 자동으로 당이 함유된 것들(커피, 과자 등 간식거리)을 끌어당긴답니다. 즉, 뇌는 자신이 필요한 당을 얻기 위해 몸을 자동으로 조종해 움직여서, 과자나 빵, 밀가루가 들어간 음식, 커피(설탕이 듬뿍 들어 있는 커피믹스에다 설탕을 더 넣는 분도 있음), 흰 쌀밥 등 다양한 방식으로 구실을 대고 정제당을 신속히 섭취하려고 발버둥칩니다. 이때 당을 알아내는 능력은 대단해서 당이 들어 있는 먹거리를 무의식적으로 아주 잘 찾아냅니다. 심하면 갑자기 몸을 피곤하게 한다거나 졸음이 오게 해서 그 해결책으로 사탕·초콜릿·커피·매실(대부분 담근 매실 액의 70%가 설탕) 등을 찾게끔 조종하는 것이 대표적인 실례입니다.

실제 겪어보면 이때 그들은 엄청난 염력을 발휘하는데, 그것이 바로 당에 중독되어 나타나는 괴력 중 하나랍니다. 이것이 알코올 중독자가 눈을 뜨면 술을 찾듯이 욕망을 충족하려고 기를 쓰는 것임에도, 오히려 일부 사람들은 몸의 느낌을 자신이 존중한다고 착각하는 경우가 대부분인 실정입니다. 때로는 남을 조종해서 먹고 싶은 것을 사오게도 해서, 우주나 신이 베푼 기적으로 여겨 오히려 신이 자신의 소망(알고 보면 욕망임)을 들어준 것이니 신이 자신에게 나쁜 것을 기적으로 갖다 주지는 않았으리라고 합리화하기도 하지만, 속셈은 그래야 자신이 먹는 것을 선택했다는 것에서 회피하기 위해서일 뿐입니다. 이럴 때 욕망이(특히 뇌의 욕망이) 충족되지 않으면 괜히 기분이 나빠져서 우울해지거나 주위에 신경질도 부립니다. 이때부터 이들이 당의 섭취를 줄이면 견디기 어려운 금단 현상이 나타나기 시작하니 결국 중독된 것입니다. 과단백질과 탄수화물이 마약이나 알코올 중독보다 더 잠복적이고 심각한 중독으로 이어진다는 사실은 거의 접해보지 못했을 것입니다. 그런데 자신이 중독되었다고 믿고 싶지(대부분 중독자가 자신이 중독자임을 인정하고 싶지 않듯이) 않겠지만, 사실은(특히, 내가 밥을 여러 차례 먹으면서도 건강식을 하고 있다고 여긴다면) 중독된 것입니다. 더구나 대다수 사람은 자신이 중독되어(대부분 중독현상이 그러하듯이) 있음에도, 그것을 인식조차도 못하고(당뇨에 걸려 있는지도 모르는 분도) 있습니다.

 이런 식으로 당 섭취가 충족되고 나면, 섭취된 당은 마음을 둔감하게 하고, 몽롱한 상태(마약투여자가 빠져드는 희열 상태와 동일)로, 심지어 육체를 잠든 상태(심하면 거의 졸도나 기절)로 빠뜨립니다. 몸이 잠시 피곤하여 잠드는 것 같지만, 실제로는 뇌의 포도당 공급이 제대로 이루어지지 않는 저혈당증으로 말미암은 현상입니다. 이때부터 이들이 당의 섭취를 줄이면 견디기 어려운 금단 현상이 나타나기 시작하니 결국 중독된 것입니다.

즉, 우리의 먹을거리에 관련한 중독은 육류중독 ⇒ 단백질중독 ⇒ 탄수화물중독(당중독) 순서로 진행됩니다. 특히 세 번째 당중독의 중반부에서 병증이 드러나기 시작했을 때 식생활습관을 완전히 바꾸기로 결단하지 않는다면, 본래의 상태로 돌이킬 수 없는 병증(대표적으로 당뇨)으로 귀결됩니다.

그러면 정제당으로 된 음식 말고 뭘 먹어야 할까요? 단백질! 아니면 먹을 게 없다고요? 많습니다. 현미, 통밀 등 통곡식과 채소, 나물, 과일(될 수 있으면 껍질째 먹는), 해조류가 있습니다. 물론 식생활을 완전히 바꿔야 합니다. 우리 공동체도 점진적으로 해보았지만, 결국은 100% 실행했을 때에야 제대로 효과가 있었습니다. 주위의 시선을 의식해서는 어렵습니다. 외출이나 출근 시에 도시락도 각오해야겠지요.(어떤 분은 빨리 죽더라도 맛나게 먹겠다고 하는 분도 있겠지만.)

동학에서는 먹는 것을 '하느님'이라고 합니다. 먹는 것을 고귀한 생명으로 여기라는 말씀이지요. 그런데 지금의 우리는 먹는 것을 자기 '욕구와 욕망'의 충족 대상으로 여깁니다. 먹고 살기 어려웠던 한세대 전의 한(恨)으로 '먹는 게 남는 거'라는 핑계로 우리 사회는 지금 마음에서는 '물질창조 중독'을, 육체에서는 '식탐 중독'을 집단으로 겪고 있습니다.

우리는 여러분이 제대로 된 정보를 손수 확인하여 생명의 음식을 선택하길 바랍니다.(http://syn.kr의 '건강과 음식' 참고)

신동학공동체